本书为四川省高校人文社会科学重点研究基地"四川景观与游憩研究中心"科研资助项目（项目编号：JGYQ2022016）。同时，本书的出版获得了国家留学基金管理委员会的资助。

# 公共健康导向下
## 的美丽乡村空间营造

GONGGONG JIANKANG DAOXIANGXIA
DE MEILI XIANGCUN KONGJIAN YINGZAO

主　编：张　萍　付而康　许桐浩
副主编：李昕韵　张羽佳　王　鹏
参　编：陈泽萱　赵汝晴　何　龙　唐宇晖
　　　　夏雨薇　张丛薇　何仟怡　吴元浩
　　　　黄发斌　罗明亮　李自由　张世国

四川大学出版社
SICHUAN UNIVERSITY PRESS

图书在版编目（CIP）数据

公共健康导向下的美丽乡村空间营造 / 张萍，付而康，许桐浩主编． — 成都：四川大学出版社，2022.10
ISBN 978-7-5690-5053-0

Ⅰ．①公… Ⅱ．①张… ②付… ③许… Ⅲ．①农村－社会主义建设－研究－中国 Ⅳ．① F320.3

中国版本图书馆CIP数据核字（2021）第202859号

| 书　　名： | 公共健康导向下的美丽乡村空间营造 |
|---|---|
| | Gonggong Jiankang Daoxiang xia de Meili Xiangcun Kongjian Yingzao |
| 主　　编： | 张　萍　付而康　许桐浩 |
| 选题策划： | 李思莹 |
| 责任编辑： | 王　睿 |
| 责任校对： | 李思莹 |
| 装帧设计： | 墨创文化 |
| 责任印制： | 王　炜 |
| 出版发行： | 四川大学出版社有限责任公司 |
| | 地址：成都市一环路南一段24号（610065） |
| | 电话：（028）85408311（发行部）、85400276（总编室） |
| | 电子邮箱：scupress@vip.163.com |
| | 网址：https://press.scu.edu.cn |
| 印前制作： | 四川胜翔数码印务设计有限公司 |
| 印刷装订： | 四川煤田地质制图印刷厂 |
| 成品尺寸： | 185 mm×260 mm |
| 印　　张： | 11.5 |
| 字　　数： | 279 千字 |
| 版　　次： | 2022年10月 第1版 |
| 印　　次： | 2022年10月 第1次印刷 |
| 定　　价： | 68.00元 |

本社图书如有印装质量问题，请联系发行部调换

版权所有 ◆ 侵权必究

四川大学出版社
微信公众号

# 前　言

乡村振兴战略视域下的美丽乡村建设是我国对农村地域空间综合价值追求的高标准规划和建设。乡村振兴战略与美丽乡村建设一脉相承，乡村振兴战略是战略层面的部署，是一定时期的战略性安排；美丽乡村建设是措施层面的抓手，是永恒的话题。美丽乡村建设既要服从于乡村振兴战略的总体安排，又要成为乡村振兴战略的关键抓手。美丽乡村建设是在新形势下深刻的农村综合变革。乡村振兴战略背景下的美丽乡村不只要外在美，更要美在发展。美丽乡村建设不仅要注重保护乡村优美的生态环境，而且要通过生产不断壮大集体经济、增加村财收入，进而更好地为农民办实事，带领农民致富并进入幸福生活。要推动美丽乡村建设向更高层级迈进，真正成为惠民、利民之举。同时，为充分解决乡村与城镇、乡村与乡村之间存在的发展不平衡、不充分问题，结合实践经验，对美丽乡村建设进行回望与阶段性总结是必要的。《"健康中国2030"规划纲要》提出"将健康融入所有政策，人民共建共享"，表明我国对健康问题的重视上升到了前所未有的高度。国家为国民健康问题提供了统筹解决方案，努力让健康福祉惠及全民。美丽乡村建设以经济建设为核心，生态整治为重点，人民安居乐业为根本，也应当将健康理念纳入其中。这意味着我们不仅要追求经济的发展与产业的兴旺，还要追求质量兴农、绿色兴农，以农业供给侧结构性改革为主线，加快构建现代农业健康的产业体系、生产体系和经营体系。同时，不仅要追求产业的健康融合，还要追求美丽乡村产业的健康可持续发展；不仅要追求生态环境的健康，还要追求农村经济与生态环境的和谐发展；不仅要追求乡村人民物质生活的充裕，还要追求全民全周期的身体与精神健康。

本书聚焦"健康福祉的美丽乡村建设"，以健康为导向，围绕生产美、生态美、生活美重新定义了"三生空间"，并详细阐述了"三生空间"的营造策略，即物质空间的优化，所承载功能体系的健全，促进经济效益、生态效益、社会效益三者互利共赢，符合自然、社会发展的客观规律以及农民群众的根本利益等。本书详细介绍了由作者团队主持并完成的多项生产型项目、生态型项目和生活型项目，希望通过对典型案例的研究，将美丽乡村建设纳入乡村振兴战略中，纳入健康中国的建设中，构建具有宏观普适性的美丽乡村建设实践理论和实战体系。同时，翔实的案例阐述与分析是本书的一大亮点，对城乡规划、旅游规划、风景园林规划等领域的从业者能起到一定的参考作用。

本书由张萍、付而康、许桐浩、李昕韵、张羽佳、王鹏确定编写大纲、框架结构和体例。本书共4章。第1章介绍了美丽乡村建设的背景和内涵。同时，对公共健康导向下"三生空间"的含义、营造需求做了介绍。该部分由张羽佳、吴元浩、王鹏执笔完成。第2章为乡村生产空间的健康化营造，首先对乡村生产空间的概念进行了界定，然后介绍了我国乡村生产空间的研究现状、存在的主要问题与研究展望，公共健康导向下的乡村生产空间营造原则与策略，典型乡村生产空间健康化营造方式，并围绕乡村生产空间健康化营造案例进行了探索和分享。该部分由张萍、陈泽萱、赵汝晴、张丛薇执笔完成。第3章为乡村生态空间的健康化营造，首先对乡村生态空间的概念进行了界定，然后介绍了我国乡村生态空间的研究现状、存在的主要问题与研究展望，公共健康导向下的乡村生态空间营造原则与策略，典型乡村生态空间健康化营造方式，并围绕乡村生态空间健康化营造案例进行了探索和分享。该部分由张萍、唐宇晖、何仟怡执笔完成。第4章为乡村生活空间的健康化营造，首先对乡村生活空间的概念进行了界定，然后介绍了我国乡村生活空间的研究现状、存在的主要问题与研究展望，公共健康导向下的乡村生活空间营造原则与策略，典型乡村生活空间健康化营造方式，并围绕乡村生活空间健康化营造案例进行了探索和分享。该部分由李昕韵、何龙、夏雨薇执笔完成。付而康、许桐浩、王鹏、黄发斌、罗明亮、李自由、张世国对本书的案例进行了梳理。本书一稿校对修改由张萍、付而康、张丛薇完成，二稿和三稿校对修改由张萍、陈泽萱、赵汝晴、唐宇晖完成。

由于编者水平有限，书中难免存在不足及疏漏之处，敬请读者批评指正。

编　者
2022年1月

# 目 录

## 第1章 概 述 (1)

### 1.1 时代赋予美丽乡村新内涵 (1)
1.1.1 美丽乡村的提出 (1)
1.1.2 公共健康视角下的美丽乡村建设 (3)

### 1.2 美丽乡村空间营造 (5)
1.2.1 美丽乡村的空间构成 (5)
1.2.2 美丽乡村"三生空间"营造的需求 (6)
1.2.3 公共健康导向下的美丽乡村多维空间营造 (7)

## 第2章 乡村生产空间的健康化营造 (8)

### 2.1 乡村生产空间概述 (8)
2.1.1 乡村生产空间的定义 (8)
2.1.2 乡村生产空间的区分 (8)
2.1.3 乡村生产空间的组成 (9)

### 2.2 乡村生产空间现状 (13)
2.2.1 国内外乡村生产空间研究现状 (13)
2.2.2 我国乡村生产空间存在的主要问题 (16)
2.2.3 乡村生产空间研究展望 (17)
2.2.4 乡村生产空间未来的发展方向 (17)

### 2.3 公共健康导向下的乡村生产空间营造原则 (17)
2.3.1 自然优先 (17)
2.3.2 以人为本 (18)
2.3.3 功能多元 (18)
2.3.4 因地制宜 (18)

### 2.4 公共健康导向下的乡村生产空间营造策略 (18)
2.4.1 农业产业链模式下的乡村生产空间营造 (18)

2.4.2　产业升级模式下的乡村生产空间营造 …………………………（22）
　　2.4.3　产业融合模式下的乡村生产空间营造 …………………………（25）
2.5　**典型乡村生产空间健康化营造方式** ……………………………………（27）
　　2.5.1　耕地空间 ……………………………………………………………（27）
　　2.5.2　园地空间 ……………………………………………………………（28）
　　2.5.3　商品林空间 …………………………………………………………（29）
　　2.5.4　牧业生产空间 ………………………………………………………（30）
　　2.5.5　设施农用地 …………………………………………………………（31）
　　2.5.6　林下种养空间 ………………………………………………………（32）
2.6　**乡村生产空间健康化营造案例** …………………………………………（33）
　　2.6.1　彭州莲花山新型慢食农业农产公园项目 …………………………（34）
　　2.6.2　达州蜀绣万花谷田园综合体项目 …………………………………（40）
　　2.6.3　中国·南江国家现代农业产业园项目 ……………………………（47）
　　2.6.4　湖北省当阳市望城村田园综合体项目 ……………………………（54）

# 第3章　乡村生态空间的健康化营造 ………………………………（60）

3.1　**乡村生态空间概述** …………………………………………………………（60）
　　3.1.1　乡村生态空间的定义 ………………………………………………（60）
　　3.1.2　乡村生态空间的区分 ………………………………………………（61）
　　3.1.3　乡村生态空间的组成 ………………………………………………（61）
3.2　**乡村生态空间现状** …………………………………………………………（63）
　　3.2.1　国内外乡村生态空间研究现状 ……………………………………（63）
　　3.2.2　我国乡村生态空间存在的主要问题 ………………………………（65）
　　3.2.3　乡村生态空间研究展望 ……………………………………………（68）
　　3.2.4　乡村生态空间未来的发展方向 ……………………………………（68）
3.3　**公共健康导向下的乡村生态空间营造原则** ……………………………（68）
　　3.3.1　发挥基底—斑块—廊道的生态效益，形成网络空间 ……………（68）
　　3.3.2　发挥生态空间自我做功能力，丰富物种多样性 …………………（68）
　　3.3.3　凸显乡土文化特色，因地制宜发挥空间特征 ……………………（69）
　　3.3.4　"三生空间"多元复合，走可持续发展道路 ……………………（69）
3.4　**公共健康导向下的乡村生态空间营造策略** ……………………………（69）
　　3.4.1　生态规划视域下的乡村生态空间健康化营造 ……………………（69）
　　3.4.2　景观生态学视角下的乡村生态空间健康化营造 …………………（71）
　　3.4.3　生态农业理念下的乡村生态空间健康化营造 ……………………（73）

3.4.4 空间重构战略下的乡村生态空间健康化营造 ……………………（73）
3.5 **典型乡村生态空间健康化营造方式** ……………………………………（77）
　　3.5.1 林地生态空间 ……………………………………………………（77）
　　3.5.2 水域生态空间 ……………………………………………………（79）
　　3.5.3 农业生态空间 ……………………………………………………（85）
3.6 **乡村生态空间健康化营造案例** ………………………………………（86）
　　3.6.1 湖北省当阳市金塔村农业水源涵养科普示范区项目 …………（86）
　　3.6.2 都匀·饶河人家国际生态文化旅游区十里竹廊项目 …………（95）
　　3.6.3 贾家镇悠然田园农庄景观提升改造项目 ……………………（101）

## 第4章 乡村生活空间的健康化营造 ……………………………………（107）

4.1 **乡村生活空间概述** ……………………………………………………（107）
　　4.1.1 乡村生活空间的定义 …………………………………………（107）
　　4.1.2 乡村生活空间的区分 …………………………………………（107）
　　4.1.3 乡村生活空间的组成 …………………………………………（108）
4.2 **乡村生活空间现状** ……………………………………………………（113）
　　4.2.1 国内外乡村生活空间研究现状 ………………………………（113）
　　4.2.2 我国乡村生活空间存在的主要问题 …………………………（116）
　　4.2.3 乡村生活空间研究展望 ………………………………………（117）
　　4.2.4 乡村生活空间未来的发展方向 ………………………………（118）
4.3 **公共健康导向下的乡村生活空间营造原则** …………………………（118）
　　4.3.1 民生改善，生态并举 …………………………………………（118）
　　4.3.2 适龄适建，以人为本 …………………………………………（118）
　　4.3.3 地域文化，各具特色 …………………………………………（118）
　　4.3.4 因村施策，因地制宜 …………………………………………（119）
　　4.3.5 节能环保，经济适用 …………………………………………（119）
　　4.3.6 自主参与 ………………………………………………………（119）
4.4 **公共健康导向下的乡村生活空间营造策略** …………………………（119）
　　4.4.1 闲置生活空间再利用 …………………………………………（119）
　　4.4.2 村民参与乡村生活空间的营造 ………………………………（121）
　　4.4.3 完善公共服务设施配置 ………………………………………（121）
　　4.4.4 尊重乡土文化，进行地域特色设计 …………………………（122）
4.5 **典型乡村生活空间的健康化营造方式** ………………………………（123）
　　4.5.1 院落空间 ………………………………………………………（123）

4.5.2　街道空间 ································································· (124)
　　4.5.3　公共活动空间 ···························································· (128)
　　4.5.4　绿地空间 ································································· (134)
4.6　乡村生活空间健康化营造案例 ················································· (137)
　　4.6.1　成都市郫都区花园镇朴宿·悠度院落提升项目 ···················· (137)
　　4.6.2　凉山州甘洛县以达村美丽乡村提升项目 ······························ (150)
　　4.6.3　宣汉县胡家镇产村融合示范园项目 ···································· (159)
　　4.6.4　蓬溪县大石镇广安村乡村振兴项目 ···································· (166)

# 第1章 概　述

## 1.1 时代赋予美丽乡村新内涵

### 1.1.1 美丽乡村的提出

#### 1.1.1.1 美丽乡村建设背景

1. 美丽乡村的发展历程与契机

乡村是主要从事农业生产、人口分布较城镇分散的地方，又称农村。乡村是人类重要的工作、居住场所和环境空间之一，人类对乡村空间的利用采用的是与工业化城市不同但又相得益彰的一种方式。乡村在社会更替与发展中始终扮演着重要角色，但在我国城市快速发展的进程中，生产率低的传统农业和生产率高的现代工业有着不平衡的发展，这导致乡村环境在城市化进程中被破坏，城乡经济差距逐渐拉大。从20世纪初到70年代末，我国都是一个农业在国内生产总值占比非常高的国家。但随着我国经济社会发展进入新时代，特别是当人民日益增长的美好生活需要和不平衡不充分的发展之间的矛盾成为新时代建设与发展中的主要矛盾后，城乡经济社会发展一体化新格局使得乡村发展的宏观环境与微观环境发生了变化，乡村发展的重要性和价值得到了提升，这为社会主义新农村的建设与振兴带来了契机。因此，无论是过去还是现在，乡村建设始终被人们广泛关注着。

1978年以来，党中央发布了有关解决"三农"问题的多个中央一号文件，我们见证了中国农村改革过程。2005年，中共第十六届五中全会明确提出"生产发展、生活宽裕、乡风文明、村容整洁、管理民主"的乡村建设目标，推进社会主义新农村建设。2012年，党的十八大报告强调必须树立尊重自然、顺应自然、保护自然的生态文明理念，明确提出了包括生态文明建设在内的"五位一体"总体布局。2013年中央一号文件第一次提出了要建设"美丽乡村"的奋斗目标，进一步加强农村生态建设、环境保护和综合整治工作；加快农村地区基础设施建设，加大环境治理和保护力度，营造良好的生态环境，大力提升农村地区经济收入，促进农业增效、农民增收；统筹做好城乡协调发展、同步发展，切实提高广大农村地区群众的幸福感和满意度。2017年10月，党的十九大报告提出大力实施乡村振兴战略，指出在全面建成小康社会的基础上，再奋斗十五年，基本实现社会主义国家现代化，生态环境根本好转，美丽中国目标基本实现。

2. 乡村振兴战略下美丽乡村的建设要求

(1) 美丽乡村建设与乡村振兴战略的关系。

首先，乡村振兴战略与美丽乡村建设一脉相承，共同构成新时代"三农"发展的基本架构。而乡村振兴战略是一定时期的战略性安排，美丽乡村建设是永恒的话题。乡村振兴战略是中国特色社会主义进入新时代做好"三农"工作的总抓手，主要是从当前影响乡村发展的体制、机制、政策入手，确立目标、提出要求、设定步骤，其内涵与内容将会更加明确。美丽乡村建设的内容则随着建设所处的不同阶段、面对的不同问题、发展的不同需要发生改变。

其次，乡村振兴战略是战略层面的部署，美丽乡村建设则是措施层面的抓手。围绕乡村振兴战略出台的一系列具体政策与实际举措，将进一步丰富美丽乡村的建设内容，并推动美丽乡村的发展。二者的共同目标是让农业成为有奔头的产业，让农业生产成为有吸引力的职业，让乡村成为安居乐业的美丽家园。

最后，乡村振兴战略体现出的是政府的意志，主要运用的是行政的手段，通过制度性改革、政策性调剂、行政性干预，以解决那些市场不能解决、基层难以解决、群众盼望解决的深层次瓶颈问题，调动各方面积极性，形成促进乡村发展的良好环境、支持体系。

综上，乡村振兴战略视域下的美丽乡村建设是中国对农村地域空间综合价值追求的高标准规划和建设。乡村振兴战略是战略层面的部署，是一定时期的战略性安排；美丽乡村建设是措施层面的抓手，是永恒的话题。美丽乡村建设既要服从于乡村振兴战略的总体安排，又要成为乡村振兴战略的关键抓手。

(2) 乡村振兴战略提出后，美丽乡村建设如何进一步开展？

美丽乡村建设是在新形势下深刻的农村综合变革。乡村振兴战略背景下美丽乡村不只要外在美，更要美在发展。美丽乡村建设不仅要注重保护乡村优美的生态环境，而且要通过生产不断壮大集体经济、增加村财收入，进而更好地为农民办实事，带领农民致富并进入幸福生活。要推动美丽乡村建设向更高层级迈进，真正成为惠民、利民之举。

美丽乡村建设所要解决的正是乡村发展中存在的一些不平衡、不充分的问题。如农村基础设施和民生领域欠账较多，农村生态环境问题比较突出，乡村产业发展整体水平亟待提升；农民适应生产力发展和市场竞争的能力不足，新型职业农民队伍建设亟须加强；农村金融改革任务繁重，城乡之间要素合理流动机制亟待健全；农村基层党建存在薄弱环节，乡村治理体系和治理能力亟待强化等。

不仅乡村与城镇相比存在发展不平衡、不充分的问题，乡村与乡村之间也存在相同的问题。因此，结合实践经验，对美丽乡村建设进行回望与阶段性总结是必要的。

#### 1.1.1.2 美丽乡村的含义

美丽乡村是在中国共产党第十六届五中全会提出建设社会主义新农村的重大历史任务时提出的。在美丽乡村建设中，不仅应注重乡村的振兴发展，而且应注重古村落的保护工作，不要顾此失彼，要促使文化保护和新农村建设同步进行。

美丽乡村建设可以从多角度进行分析。从乡村的景观角度分析，美丽乡村建设对于地区优势的合理利用是十分重要的，可以更好地突出乡村景观的特色，并且能够对乡村的生态环境进行保护。从社会的发展角度分析，进行美丽乡村建设可以更好地促进农村产业结构调整，能加快推动农村产业振兴，实现农业可持续发展。

在学术界，不同学者从不同的视角对美丽乡村的含义进行了探索和研究。柳兰芳认为，美丽乡村应是美在环境、美在生活、美在文化、美在布局和美在建设，其分别体现美丽乡村的五个层面：生态环境美、社会环境美、人文环境美、合理布局规划美和体制机制完善美[①]。魏玉栋认为，美丽乡村应是生产美、生活美、环境美、人文美，其中生产美是前提，生活美是目的，环境美是特征，人文美是灵魂[②]。黄克亮、罗丽云认为，美丽乡村建设要实现四个层面的美，即自然之美（村容村貌整洁环境美）、发展之美（农民创业增收生活美）、文化之美（乡风文明农民素质美）、和谐之美（管理民主乡村社会美）[③]。张孝德认为，美丽乡村应属于城乡二元共生新模式，以"五有"作为特征，分别是有素（有独特性的村庄元素）、有品（有品位、品质、品牌等）、有业（有自我发展的产业）、有家（有村民的精神家园和生活乐园）、有根（有叶落归根的乡愁）[④]。匡显桢、兰东认为，美丽乡村的内在品质表现为"四美"，即自然美（以山清水秀、鸟语花香为典型品质）、发展美（以产业强劲、特色明显为典型品质）、文化美（以乡风乡韵、回味无穷为典型品质）和生活美（以安居乐业、富足幸福为典型品质）[⑤]。

结合已有研究与相关政策，本书将美丽乡村定义为生态美、生活美、生产美。这是美丽乡村的基本内涵，也是美丽乡村建设的出发点和落脚点。

## 1.1.2 公共健康视角下的美丽乡村建设

### 1.1.2.1 《"健康中国2030"规划纲要》对美丽乡村建设的引导

2016年10月25日，中共中央、国务院发布了《"健康中国2030"规划纲要》（以下简称《纲要》），这是之后15年推进健康中国建设的行动纲领。在党中央、国务院高度重视人民健康的背景下，习近平总书记指出，健康是促进人的全面发展的必然要求，是经济社会发展的基础条件，是民族昌盛和国家富强的重要标志，也是广大人民群众的共同追求。《纲要》是新中国成立以来首次在国家层面提出的健康领域中长期战略规划，是贯彻落实党的十八届五中全会精神、保障人民健康的重大举措[⑥]。

按照党中央、国务院的部署，《纲要》坚持以人民为中心的发展思想，牢固树立和贯彻落实创新、协调、绿色、开放、共享的发展理念，坚持正确的卫生与健康工作方

---

① 柳兰芳. 从"美丽乡村"到"美丽中国"——解析"美丽乡村"的生态意蕴[J]. 理论月刊, 2013 (9): 165-168.
② 魏玉栋. 与天相调 让地生美——农业部"美丽乡村"创建活动述评[J]. 农村工作通讯, 2013 (17): 48-50.
③ 黄克亮, 罗丽云. 以生态文明理念推进美丽乡村建设[J]. 探求, 2013 (3): 5-12.
④ 张孝德. 中国乡村文明研究报告——生态文明时代中国乡村文明的复兴与使命[J]. 经济研究参考, 2013 (22): 3-25, 54.
⑤ 匡显桢, 兰东. 美丽乡村的内在品质表现为"四美"[J]. 理论导报, 2014 (1): 19-20.
⑥ 谭敦民. 解读《"健康中国2030"规划纲要》[J]. 饮食科学, 2017 (11): 4-5.

针,坚持健康优先、改革创新、科学发展、公平公正的原则,以提高人民健康水平为核心,以体制机制改革创新为动力,从广泛的健康影响因素入手,普及健康生活、优化健康服务、完善健康保障、建设健康环境、发展健康产业。其中,"普及健康生活""建设健康环境""发展健康产业"等内容,与美丽乡村所涵盖的生活、生态、生产精准耦合。

"普及健康生活"要求从健康促进的源头入手,强调个人健康责任,通过加强健康教育,提高全民健康素养,广泛开展全民健身运动,塑造自主自律的健康行为,引导群众形成合理膳食、适量运动、戒烟限酒、心理平衡的健康生活方式;"建设健康环境"要求从影响健康的环境问题入手,开展大气、水、土壤等污染防治,加强食品药品安全监管,强化安全生产和职业病防治,促进道路交通安全,深入开展爱国卫生运动,建设健康城市和健康村镇,提高突发事件应急能力,最大限度地减少外界因素对健康的影响;"发展健康产业"要求区分基本和非基本,优化多元化办医格局,推动非公立医疗机构向高水平、规模化方向发展,加强供给侧结构性改革,支持发展健康医疗旅游等健康服务新业态,积极发展健身休闲运动产业,提升医药产业发展水平,不断满足人民群众日益增长的多层次、多样化健康需求。

### 1.1.2.2 《健康中国行动(2019—2030年)》对美丽乡村建设的引导

《健康中国行动(2019—2030年)》(以下简称《行动》)是2019年6月底前由国家卫生健康委员会负责制定的发展战略。《行动》围绕疾病预防和健康促进两大核心,提出将开展15个重大专项行动,促进以治病为中心向以人民健康为中心转变,努力使群众不生病、少生病。《行动》明确提出"健康环境促进行动",提出健康环境是人民群众健康的重要保障,也是美丽中国的前提。影响健康的不仅包括物理、化学和生物等自然环境因素,而且包括社会环境因素,这也对美丽乡村建设提出了更加切实的要求。

学习《行动》后发现,在健康中国建设战略思想和国家扶贫政策的帮助下,我国以健康为目标导向的乡村建设取得了明显的效果。但在这期间也暴露出不足,诸如:健康乡村建设的政策实施环境有待改善,乡村居民健康生活意识有待提高,乡村医疗环境有待改善等。因此,以良好生态环境建设为导向、以人们健康生活为最终目标的美丽乡村建设亟待重视。

《行动》强调,在新的健康形势下,需要继续发挥爱国卫生运动的组织优势,通过全社会动员,把健康融入城乡规划、建设、治理的全过程,建立国家环境与健康风险评估制度,推进健康城市和健康村镇建设,打造健康环境。健康环境促进行动应以全社会公众为关注对象,重点围绕影响健康的空气、水、土壤等自然环境问题,室内污染等家居环境风险,道路交通伤害等社会环境危险因素,倡导政府、社会、家庭和个人共同承担建设健康环境的责任,给出健康防护和应对的建议,并提出应采取的主要举措,动员全社会行动起来,全民参与、共担责任、共享成果。健康的环境不仅涉及城乡规划、基础设施建设和环境污染治理,紧贴居民生活方式,如日常化学品及消费品的使用、垃圾分类和固体废弃物的处置,而且包括与环境密切相关的道路交通事故伤害、跌倒、溺水、中毒等内容。因此,乡村振兴需站在人民健康福祉的视角,将健康的理念融入美丽乡村的规划、空间营造与治理任务中。

### 1.1.2.3 聚焦健康福祉的美丽乡村建设

当我们将美丽乡村建设置于公共健康视角，再次解读2018年中央一号文件（《中共中央国务院关于实施乡村振兴战略的意见》）时可以发现，在提升农业发展质量、推进乡村绿色发展、繁荣兴盛农村文化、构建乡村治理新体系、提高农村民生保障水平、打好精准脱贫攻坚战、强化乡村振兴制度性供给、强化乡村振兴人才支撑、强化乡村振兴投入保障等方面，文件都有相关的安排和部署。

全国卫生与健康大会提出："要坚持正确的卫生与健康工作方针，以基层为重点，以改革创新为动力，预防为主，中西医并重，将健康融入所有政策，人民共建共享。"其中，"将健康融入所有政策，人民共建共享"表明，我国对健康问题的重视上升到了前所未有的高度。国家为国民健康问题提供了统筹解决方案，努力让健康福祉惠及全民。美丽乡村建设以经济建设为核心，生态整治为重点，人民安居乐业为根本，也应当将健康理念纳入其中。这意味着我们不仅要追求经济的发展与产业的兴旺，还要追求质量兴农、绿色兴农，以农业供给侧结构性改革为主线，加快构建现代农业健康的产业体系、生产体系和经营体系。同时，不仅要追求产业的健康融合，还要追求美丽乡村产业的健康可持续发展；不仅要追求生态环境的健康，还要追求农村经济与生态环境的和谐发展；不仅要追求乡村人民物质生活的充裕，还要追求全民全周期的身体与精神健康。

## 1.2 美丽乡村空间营造

### 1.2.1 美丽乡村的空间构成

#### 1.2.1.1 美丽乡村空间的定义

在很长的一段时间里，空间只是作为人们存在与活动的物质实践感知区域，或是物质运动的存在形式。直到20世纪中叶，一系列针对空间演进的哲学、社会学、政治经济学等研究才拉开了人类空间变迁史的社会学帷幕，空间的定义也开始变得丰富起来。

乡村振兴应以人民健康福祉为视角，将健康的理念融入美丽乡村的规划、空间营造与治理任务中，将落脚点放在生态美、生活美、生产美三大基本层面。因此，美丽乡村的空间构成可定义为县城以下乡镇所辖村庄的地区，以及周边农业设施所覆盖的地区，包括田野、山林、河湖等组成乡村的各要素所表现出的空间配置形态，各种乡村聚落、农业种植区、交通廊道等人工环境，山体、丘陵、河湖、森林、草原、湿地等自然生态区域，从功能上可划分为生活空间、生产空间和生态空间。"三生空间"是对生产、生活、生态三类空间的总称，这三类空间构成了不同空间尺度的主体要素。

#### 1.2.1.2 美丽乡村"三生空间"的定义

党的十八大报告提出"促进生产空间集约高效、生活空间宜居适度、生态空间山清水秀"的要求，为"三生空间"的定义指明了方向。生产空间是指为人类提供物质产品的生产、运输、商贸、公共服务等生产经营活动的地域空间；生活空间是指供人们居住、消费、休闲和娱乐等的地域空间；生态空间是指具有生态防护功能，可提供生态产品和生态服务的地域空间。

"三生空间"既相互独立，又相互关联。生产空间的集约高效发展为生活质量和生态服务功能的提升提供了更多的发展空间和发展模式的选择，为宜居适度生活空间和山清水秀生态空间的实现提供了经济保障支持。宜居适度生活空间既需要足够的生产空间为其提供就业场所和经济产出支持，也需要山清水秀生态空间为其提供丰富多彩的生态产品来满足人们的物质生活和精神文化需求。生态空间提供的生态服务自我调节能力约束了生产空间、生活空间的发展规模和发展方向。

#### 1.2.1.3 美丽乡村"三生空间"的分类与组成

本书所述乡村生态空间包括自然山体、部分林地、陆地水域、湿地、其他自然保留地或未利用地等土地类型，在具体的形式上表现为乡村内部及其周边的公益林、河流湖泊、滩涂、湿地以及未开发的乡村荒地等自然空间，亦包括农用地涉及的部分生态功能空间。

乡村生产空间主要为农业生产用地，包括耕地、园地、林地、草地、其他农用地（包括农村道路、水库水面、坑塘水面、沟渠、设施农用地、田坎等）等土地类型。结合国家标准，乡村生产空间可分为六个子空间，分别是乡村耕地空间、乡村园地空间、乡村商品林空间、乡村牧业生产空间、乡村设施农用地和乡村林下种养空间。

乡村生活空间涵盖的土地类型更广，凡居民生活的地域，均可作为生活空间进行营造和治理。具体组成上，本书将乡村生活空间分为乡村居住空间、乡村劳作空间、乡村休闲与交往空间、乡村文化空间、乡村公共服务空间和乡村消费空间。

### 1.2.2 美丽乡村"三生空间"营造的需求

美丽乡村"三生空间"的营造需要集约而高效。生态空间直接参与人与自然的代谢过程，同时也是生产、生活的初始源泉，所以良好健康的生态空间是"三生空间"的先决条件；生产空间在人类社会的存在和发展中起着决定性的作用，是创造物质财富和精神财富的根本力量，是"三生空间"发展的关键环节；生活空间的宜居状况则是"三生空间"协调发展的重要纽带。

生产空间是用于生产经营活动的场所，以承载工业生产和服务功能为主，主要涉及工业、物流仓储和商业商务服务用地。在满足人们生活需要的同时，生产也需占用一定的空间，不同的产业经济占比不同，所带来的经济效益也不同。因此，地尽其利、地尽其用是空间资源优化配置的核心，优化生产空间的组合关系及其空间布局，也是提升生产空间利用效率的有效途径之一。而空间作为一种生产要素，按照经济学中成本最小的要素组合条件，在一定的背景下，空间资源越稀缺则价格越高，非空间要素对空间要素的替代程度就越深，越能促进空间的集约化利用。

生活空间与人们的吃穿住行以及日常交往紧密相连。生活空间与承载和保障人居有关，是以提供人类居住、消费、休闲和娱乐等为主导功能的场所，不仅涉及居住用地，还涉及公共管理与公共服务用地和商业用地。生活空间的宜居状况主要通过其安全性、便捷舒适性、环境友好性等来体现。其中，安全性是保障生活空间品质的基石，便捷舒适性是宜居生活的外在体现,环境友好性是宜居生活的内在要求。要根据不同时代、不同生活水平、不同类型居民对于学校、医院、超市、菜市场等生活服务设施类型、数量、质量以及布局等各方面的差异化需求,围绕居住空间打造配套完善的便捷生活服务圈。

生态空间山清水秀是"三生空间"协调发展的先决条件。生态空间为生产空间、生活空间提供生态前提,并规定生产空间、生活空间的发展方向。生态本是空间整合的整体,是保障空间生态安全、提升居民生活质量不可或缺的组成部分,主要涉及森林、草原、湿地、河流、湖泊、滩涂、岸线等国土空间。建设山清水秀的生态空间,首先需要敬畏自然、尊重自然,重视生态红线区域对生态环境保障的基础地位,科学划定生态红线。

### 1.2.3 公共健康导向下的美丽乡村多维空间营造

站在公共健康视角,"三生空间"的营造不应仅仅是政策上的解读与空间上自上而下的优化,而应更加重视健康理念的融入及空间营造过程中的人本需求导向。

世界卫生组织提出,健康城市是指不断开发、发展自然和社会环境,并不断扩大社会资源,促使人们在享受生命和充分发挥潜能方面能够互相支持的城市。根据世界卫生组织对健康城市的定义,公共健康导向下的美丽乡村可以这样来理解:强调对健康的全面认识,即认识到我们的健康不仅需要卫生保健服务,更需要有清洁的空气、水,安全的社区,绿色的草地,良好的住房等物质和社会环境,这为健康的生态空间和生活空间的营造指出了方向。同时,乡村系统的健康取决于它是否拥有可持续性、平衡性和品质性。如果乡村的整体系统具有旺盛的生命力、良好的自身及周边承载力支撑,并且具有正向演进的发展力,维系其系统组织完善、格局合理的协调力,从外界压力、影响和胁迫下相对迅速还原(原有状态)的恢复力,那么该乡村的整体系统是健康的,这也在生产与生态方面对美丽乡村的多维空间营造提出了更高层次的目标。

在公共健康的视角下,美丽乡村"三生空间"的营造不只是物质空间的优化和承载功能体系的健全,更是注重经济效益、社会效益、生态效益三者之间相互影响、相互制约的关系,促进三者互利共赢,符合自然、社会发展的客观规律以及农民群众的根本利益。

基于此,本书站在新的历史起点上,希望通过对典型案例的研究,将美丽乡村建设纳入乡村振兴战略中,纳入健康中国的建设中,构建具有宏观普适性、关注人民健康福祉的美丽乡村建设实践的理论体系。这是新时代美丽乡村建设研究中值得探讨的热点问题,也是重大问题。

# 第2章 乡村生产空间的健康化营造

## 2.1 乡村生产空间概述

### 2.1.1 乡村生产空间的定义

生产空间在乡村"三生空间"中起着至关重要的作用,不仅能影响居民的日常活动,而且能带动产业经济的发展。如何理解乡村范畴下的生产空间呢?相关研究认为,乡村生产空间是建立在人地关系地域系统的思维之上的,即乡村空间系统作为一个有机整体,是连接"人"与"地"要素的复杂开放系统。而生产空间从性质上可分为农业生产空间、工业生产空间和服务生产空间。在我国,目前各乡村生产活动又是以乡村农业生产活动为主的。因此,就乡村生产空间而言,主要涉及农业生产用地的具体分类和组成。在此基础上就不难理解乡村生产空间的概念,即乡村居民作为生产空间的主体,在乡村范围内进行不同类型或功能农业生产行为的场所或空间。而在不断发展的过程中,乡村生产空间从非均衡状态向均衡状态演变,最终实现人地协调、共生健康。

### 2.1.2 乡村生产空间的区分

我们在理解乡村生产空间的概念时,容易将其与乡村生活空间、乡村生态空间的部分内容相混淆。在空间功能方面,生产功能被理解为一种维持人类基本生活的功能,而土地作为乡村中具有生产功能的一种承载空间,使人们可以直接获取所需物资或再次进行生产活动。生活功能是指人类在土地利用过程中产生的居住、出行、消费、娱乐等各种空间承载、物质和精神保障功能。而生态功能是指生态系统在维持生态平衡、满足人类生产生活基本需要时发挥的作用,对生产功能起到强化作用。生产功能和生活功能的可持续发展都需要生态功能的支持。针对不同的功能内容,三者在承载主体方面也各有不同:生产功能的承载主体是各种生产场地与相关设施,生活功能的承载主体是各种公共服务与商业设施,生态功能的承载主体是各种自然、半自然景观。

乡村"三生空间"具有复合型、多元化的特点,其中的个体空间并不是以独立形式存在的,而是相互联结、相互影响的,三者之间存在相互交融、相互包含的部分。如林地作为农用地中的土地类型之一,是乡村生产空间的一个重要内容,但考虑到与书中乡村生态空间的区分,故林地本身不纳入生产空间范畴。但基于乡村生产空间所具备的生产功能,本节在此视角下对于林地生产空间进行探究,并根据中华人民共和国林业行业标准《公益林与商品林分类技术指标》(LY/T 1556—2000)的相关规定,将森林类别下的商品林空间作为原林地空间,来探讨其在乡村生产空间的相关内涵及价值。

## 2.1.3 乡村生产空间的组成

乡村生产呈现出以农业生产为主导且覆盖面广的特点。换言之,在乡村范围内的主要生产空间就是农业生产用地。依据2017年国土资源部组织修订的国家标准《土地利用现状分类》(GB/T 21010—2017),农用地是指直接用于农业生产的土地,包括耕地、园地、林地、草地、其他农用地(包括农村道路、水库水面、坑塘水面、沟渠、设施农用地、田坎等)。而乡村生产空间作为农业生产的承载主体,具有独特的经济化、产业化特点,因此结合国家标准将乡村生产空间分为六个子空间,分别是乡村耕地空间、乡村园地空间、乡村商品林空间、乡村牧业生产空间、乡村设施农用地和乡村林下种养空间。

### 2.1.3.1 乡村耕地空间

根据《土地利用现状分类》(GB/T 21010—2017)的相关说明和耕地特有的土地性质,将耕地定义为种植农作物的土地,包括熟地,新开发、复垦、整理地,休闲地(含轮歇地、轮作地);以种植农作物(含蔬菜)为主,间有零星果树、桑树或其他树木的土地;平均每年能保证收获一季的已垦滩地和海涂。

根据其功能特点,耕地又分为水田、水浇地和旱地。水田是指用于种植水稻、莲藕等水生农作物的耕地,包括实行水生、旱生农作物轮种的耕地;水浇地是指有水源保证和灌溉设施,在一般年景能正常灌溉,种植旱生农作物的耕地,包括种植蔬菜的非工厂化的大棚用地;旱地是指无灌溉设施,主要靠天然降水种植旱生农作物的耕地,包括没有灌溉设施,仅靠引洪淤灌的耕地。

乡村耕地空间在乡村生产空间中面积最大且承担着主要的生产功能,主要生产活动为农作物的相关种植,如图2.1-1所示。耕地是人类赖以生存的基本资源,因此要保障人民的生活水平、促进农业的可持续发展,首先要保证耕地的数量和质量。

图2.1-1　乡村耕地空间

## 2.1.3.2　乡村园地空间

园地是指种植以采集果、叶、根、茎、枝、汁等为主的集约经营的多年生木本和草本植物，覆盖度大于50%的或每亩株数大于合理株数70%的土地，包括用于育苗的土地。我们须特别注意，苗圃是固定的林木育苗地，属于林地而非园地。

园地包括果园、茶园、橡胶园和其他园地。果园是指种植果树的园地；茶园是指种植茶树的园地；橡胶园是指种植橡胶树的园地；其他园地是指种植桑树、可可、咖啡、油棕、胡椒、药材等其他多年生作物的园地。乡村园地空间（图2.1-2）建议选取当地的特色作物作为生产对象，发展特色产业园，形成产业链，进而带动相关经济产业发展。

图2.1-2　乡村园地空间

## 2.1.3.3 乡村商品林空间

根据中华人民共和国林业行业标准《公益林与商品林分类技术指标》（LY/T 1556—2000），商品林是指以生产木（竹）材和提供其他林特产品，获得最大经济产出等满足人类社会的经济需求为主体功能的森林、林地、林木，主要是提供能进入市场的经济产品。商品林空间内主要种植林种包括用材林、薪炭林和经济林。用材林分为一般用材林和工业纤维林，前者用来培育工业及生活用材、生产不同规格材种的木（竹）材，后者则是培育造纸及人造板工业等所需木（竹）纤维材。薪炭林是指以提供柴炭燃料为主要经营项目的乔木林和灌木林。营造薪炭林宜选择易成活、萌生力强、速生、产量高、燃值大、能固氮、可一材多用（提供燃料、用料、饲料、肥料）的硬材阔叶树种，大都实行矮林，每隔一年至三年进行轮作换茬。大力发展薪炭林是解决农村能源问题的重要途径。经济林分为果品林、油料林、化工原料林和其他经济林。其中，果品林生产干、鲜果品；油料林生产工业与民用油加工原料；化工原料林生产松脂、橡胶、生漆、白蜡、紫胶等林化原料；其他经济林则生产饮料、药料、香料、调料、饲料、花卉、林（竹）食品等林特产品及加工原料。乡村商品林空间如图2.1-3所示。

图2.1-3　乡村商品林空间

苗圃是指用于专门繁殖、培育苗木的土地。[①] 苗木是造林、果树生产、园林绿化的物质基础。苗圃按培育苗木的用途可分为专类苗圃和综合苗圃。其中，专类苗圃的面积较小，苗木种类较少，有的只用于一种苗木的生产，如常绿苗木等，有的只用于培育特殊的苗木，如专门生产嫁接苗的苗圃。综合苗圃的特点则体现在生产的苗木种类更为齐全，生产管理技术水平较高，设施先进，规模多为大中型苗圃。苗圃中的专类苗圃和综合苗圃符合商品林发挥经济效益的特点，因此将这两类苗圃归于商品林空间进行探讨。

#### 2.1.3.4 乡村牧业生产空间

乡村牧业生产空间（图2.1-4）主要服务于畜牧业，具体是指具有生产功能的草地，包括天然牧草地和人工牧草地。天然牧草地是指以天然草本植物为主，用于放牧或割草的草地，包括实施禁牧措施的草地，不包括沼泽草地。人工牧草地则是指人工种植牧草的草地。人工牧草地可以填补天然牧草地在各种意义上的空缺，可以减少家畜在冬、春二季因为饲料不足而造成体重减少或死亡的隐患。同时，提高牧草质量还可以增加畜产品产量，对提高土地利用率有重要意义。

图2.1-4 乡村牧业生产空间

#### 2.1.3.5 乡村设施农用地

根据《土地利用现状分类》（GB/T 21010—2017），设施农用地是指直接用于经营性畜禽养殖生产的设施及附属设施用地，直接用于作物栽培或水产养殖等农产品生产的设施及附属设施用地，直接用于设施农业项目辅助生产的设施用地，晾晒场、粮食果品烘干设施、粮食和农资临时存放场所、大型农机具临时存放场所等规模化粮食生产所必需的配套设施用地。根据《自然资源部农业农村部关于设施农业用地管理有关问题的通知》（自然资规〔2019〕4号），设施农业用地包括农业生产中直接用于作物种植和畜禽水产养殖的设施用地。其中，作物种植设施用地包括作物生产和为生产服务的看护房、农资农机具存放场所等，以及与生产直接关联的烘干晾晒、分拣包装、保鲜存储等设施

---

[①] 张世成. 宜宾市锦绣御苑观光休闲苗圃景观规划设计研究［D］. 雅安：四川农业大学，2013.

用地；畜禽水产养殖设施用地包括养殖生产及直接关联的粪污处置、检验检疫等设施用地，不包括屠宰和肉类加工厂所用地等。

通过上述内容得出，乡村设施农用地包括温室用地（图2.1-5）、畜禽饲养地、水产养殖地等。其中，温室用地主要用于栽培工厂化作物，具有较高的可重复性，可以使作物生产摆脱自然环境的束缚，实现全年性、全天候、反季节的企业化规模生产，可以最大限度地弱化外界环境对生产可能造成的影响。畜禽饲养地主要是指以经营性养殖为目的，养殖主体主要是禽类的畜禽舍及其附属设施用地。水产养殖地包括水库、鱼塘等空间，主要生产鱼虾类水产品等。

图2.1-5 温室用地

#### 2.1.3.6 乡村林下种养空间

随着林下种养模式的不断推广，林下种养已经成为一种新型的林农复合经营模式。林下种养空间作为乡村生产空间中的特殊存在，在保护林地资源的基础上，开发利用林下种养空间，可实现农林优势互补、循环相生。林下种养是一种充分利用资源的高效经济模式，不仅能创造经济效益，还能带来生态效益。

林下种养有多种模式，不同的模式可以生产不同的作物或禽类。如林—粮（油）模式可种植小麦、黄豆、花生、绿豆等低秆作物；林—菌模式可种植食用菌；林—菜模式可种植各种蔬菜；林—药模式可种植草药；林—草—畜模式可种植优质牧草，同时饲养家畜；林—禽模式可在林下放养或圈养鸡、鸭、鹅等禽类。

## 2.2 乡村生产空间现状

### 2.2.1 国内外乡村生产空间研究现状

随着城市化的发展，全球相继涌现出各种"城市病"，并且出现了"逆城市化"趋势。在全球城市交通问题、环境问题日益严重的情况下，很多大城市的居住者开始逃离城市，走向乡村生活。在城市化建设已经接近饱和的今天，大多数发达国家将建设的着眼点由城市逐渐转向了农村。随着全球化、城市化的持续推进，无论是发达国家还是发展中国家，都应探索适合本国国情的应对措施，用以发展或重构乡村生产空间。

#### 2.2.1.1 国外乡村生产空间研究现状

国外对乡村生产空间的研究与其所在地区发展过程中的工业化、城市化进程紧密相关。工业革命前，乡村生产空间的探索多集中在农业领域。19世纪，法国维达尔学派率先从人地关系的角度出发，探寻地理环境与农业生产之间的关系；德国地理学家杜能则提出农业区位论，为指导农业生产空间布局提供了坚实的理论基础。随着工业革命的推进，乡村经济结构发生变化，乡村经济得以快速发展。20世纪50年代，发达国家进入工业化中后期，发展带来的"逆城市化"、郊区化将资源、人力向乡村引领。20世纪80年代，农业生产中对产量的过度追求导致了生产过剩，从而引发了土地退化甚至生态退化等问题，给世界农业发展带来了新的主题，即发展可持续农业。新主题产生后，学者们逐渐展开乡村生产空间经营多样化的研究工作。21世纪以来，受经济全球化和区域经济一体化影响，乡村生产空间范围得到拓展，主体也更加多元化。研究者们围绕社会新特征开展了新一轮的研究，探讨"逆城市化"、乡村劳动力流动、乡村休闲旅游消费、农业观光旅游等社会现象对乡村生产空间的影响，研究如何合理重构或升级乡村生产空间。

#### 2.2.1.2 我国乡村生产空间研究现状

20世纪30年代至今，我国乡村生产空间的研究经历了学科开拓、发展停滞、发展转折、多元发展四个时期，每个时期研究的内容和侧重点都依据当时国情下亟须解决的问题而定。从研究内容上看，我国注重各空间产业对乡村经济发展的影响，重视乡村劳动力流失和生产力低下的相关问题；从研究方法上看，我国更注重空间形式分析，利用举实例论证的方法进行相关分析，但更深层的空间内部结构分析以及空间意义背后的人本分析仍需加强。

近年来，我国通过学习国外先进经验，再结合自身实际情况，逐渐找到了一条适合中国国情，立足于中国乡村实际的道路，走上了具有中国特色、时代特点的乡村振兴与城乡融合发展之路，在不断探索中形成了具有自身特点的实践模式。例如，放弃工业立县之路、走生态立县之路的安吉模式；以"环境综合整治、村落保护利用、生态旅游开发、城乡统筹改革"为主要内容建设美丽乡村的永嘉模式；以"三化五美"（农民生活方式城市化、农业生产方式现代化、农村生态环境田园化和山青水碧生态美、科学规划形态美、乡风文明素质美、村强民富生活美、管理民主和谐美）的建设目标开发美丽乡村的"江宁模式"等。这些都是我国结合乡村实际情况而进行的初步探索。乡村生产空间可分为乡村耕地空间、乡村园地空间、乡村商品林空间、乡村牧业生产空间、乡村设施农用地和乡村林下种养空间六个子空间，下面我们对其现状进行分析。

## 1. 乡村耕地空间

基本农田对于生产生活、社会保障和生态保护具有重要作用，战略地位突出。耕地由于经济发展而被侵占，工业化与城市化进程的加速致使耕地面积萎缩。经济发展、粮食安全与生态安全的协调成为重要的研究内容。在研究中应以生态为导向，借助地理信息系统作空间分析。要在新视角下构建集农田数量、质量，生态构成元素及建设适宜度于一体的评价体系，从空间战略上实现粮食安全、生态保护和经济发展三赢的局面。[1]

## 2. 乡村园地空间

园地类在乡村经济发展中占据重要地位。其相关产业已经取得一定成绩，但也面临一些问题，品质、产量、管理、消费方式、整体效益和质量安全的相关研究都有待突破。而信息技术与栽培管理的交叉、交互则是解决这些问题的最佳方法。要充分利用信息技术对生产、管理、经营以及流通和服务进行重新设计，以可视化的形式进行展现，以智能化的途径实现控制与管理。信息技术与栽培管理的交叉、交互不仅带来了新的研究方向，也成为农业现代化的重要标志之一。

## 3. 乡村商品林空间

随着天然林资源保护工程的实施，我国木材生产量下降，木材供需矛盾日益突出。因此，需要把可持续发展作为原则，大幅度扩大商品林空间。对商品林的研究采用SWOT分析法，着重从优劣、机遇和威胁进行分析，侧重于投资回报、加工生产、权属责任、人才技术、政策体系以及龙头企业的带动与发展等。在进行评估与测判后，定向培育森林体系资源，实行产业化经营。以经济效益为中心，对商品林基地建设实施区域化布局、专业化生产，实现"产供销、贸工林、经科教"的紧密结合[2]。

## 4. 乡村牧业生产空间

乡村牧业生产空间是促进农业产业结构优化升级中一个十分重要的环节，主要服务于畜牧业，其产业链上端为畜产品加工业，产业链下端为饲料工业、种植业，具有承上启下的关键作用。国务院办公厅在2020年9月下发的《关于促进畜牧业高质量发展的意见》（国办发〔2020〕31号）明确指出，需进一步推动畜牧业绿色循环发展，促进农牧循环发展。农区要强化种养结合的技术，农牧交错的部分要合理规划，使用饲草、秸秆等资源发展草食畜牧业，修复已退化或破坏的草原生态，恢复、保持、提升草原的生产与抗性能力。草原牧区要坚持以草定畜，科学合理利用草原，鼓励发展家庭生态牧场和生态牧业合作社。

## 5. 乡村设施农用地

乡村设施农用地主要服务于畜牧业、水产养殖业等。

在畜禽养殖方面，为加快构建现代养殖体系，应从以下三个方面入手：首先，完善扩展饲草料的供应链，适度开发粮食饲料，增加青贮玉米种植面积，提升苜蓿、燕麦草

---

[1] 丁庆龙，门明新. 基于生态导向的基本农田空间配置研究——以河北省卢龙县为例［J］. 中国生态农业学报，2014，22（3）：94—100.

[2] 黄世典. 论商品林产业化经营体系的构建［J］. 绿色中国，2001（12）：12—20.

等饲草的产量；其次，加快对新型饲草资源的开发，促进对畜禽养殖废弃物的提取和循环利用，实现养殖过程的绿色环保；最后，充分利用大数据、人工智能、云计算、物联网、移动互联网等信息技术，增强圈舍环境调控、精准饲喂、动物疫病监测、畜禽产品追溯等智能化水平。

在水产养殖方面，农业农村部等10部委于2019年2月联合印发的《关于加快推进水产养殖业绿色发展的若干意见》明确指出，要在保障水产品质量安全的基础上进一步发展水产品消费市场，加强对水产品养殖的监督管理，强化疫病防治工作。与此同时，科学合理地划定养殖生产水域，避免养殖水域的浪费和对生态环境的破坏，做到生态环境与养殖生产协调发展，为水产养殖产业未来的发展打下良好的基础。最后，意见指出要重视对养殖水域生态环境的修复工作，采用科学合理的养殖办法进行生产作业，长此以往才能对水域生态环境起到净化修复的作用。

6. 乡村林下种养空间

在"绿水青山就是金山银山"理念指引下，林地面积大幅增加，人居环境持续得到改善，乡村不断转变林业发展模式，优化林业产业结构，积极探索各种林下经济模式，制定不同方案以增加农户的经济来源，同时提升土地产出率和资源利用率，达到经济效益、生态效益双丰收。但乡村林下种养空间的发展仍面临巨大考验：第一，相关产业发展规模太小，布局分散，市场化程度低，竞争力弱，经济效益未能实现最大化；第二，缺乏更高效的商业运作模式，林下种养空间太过分散，没有形成标准化、规模化的生产经营格局，缺少组织规范；第三，村民对林下种养空间的认识有偏差，对林下种植持怀疑态度，造成林下经济的发展动力不足；第四，林下种养缺乏技术指导和资金支持，导致其在市场竞争中处于劣势地位。因此，国务院办公厅下发的《关于加快林下经济发展的意见》（国办发〔2012〕42号）明确指出，要在专业人员的指导下进一步明确林下经济的发展方向和模式，发展林业绿色循环经济，并做好林业原产地保护工作，为林下种养空间的可持续发展"添砖加瓦"。

## 2.2.2 我国乡村生产空间存在的主要问题

尽管乡村产业未来的发展方向已逐渐明确，但我们应该认清当前仍有许多需要突破的瓶颈，未来发展中也将面临不断的考验。现阶段我国乡村生产空间主要存在以下问题：

首先，空间布局分散零碎，导致整合管理困难。近几年，休闲农业宛如雨后春笋，发展越发兴盛，受欢迎程度逐渐提升，然而容易落入千篇一律的窠臼。乡村生产空间的功能布局过于分散，在规划过程中难以做到协调统一，更别说整合管理。同时，部分空间的功能过多，使小众化、独特性、品牌效应、品牌特色、服务受众精准化这些要求难以得到满足，整体发展水平参差不齐，很难找到一个基准点。

其次，空间功能较为单一，导致产业融合度不高。农产品多以一次供应为主，而且存在农产品加工转化率较低等问题。从产地到餐桌的产业链条无法协同发展，人们追求更高价值产品的需求得不到满足。农村生产空间的生活服务能力不足，产业融合层次较低，乡村的价值功能无法得到充分、有效的发挥，农户与企业未得到平衡而紧密的联系，这些都极大地阻碍了乡村生产空间的发展。

最后，乡村生产空间产业基础薄弱、生产效率低、浪费较大，导致产业发展成本高、收益少。直销网点等设施相对落后，物流经营成本高，大大阻碍了农产品的流通，使产业之间难以联合发展。一些农村不仅现代设施跟进不足，还存在供水、供电、供气等基本条件差的问题，在这种情况下，道路、网络通信、仓储物流等设施更加难以实现全覆盖。同时，乡村排水、垃圾处理、防污治污的设施及技术有限，给村民生活带来了不便，也给产业发展造成了额外的负担，环境不佳和污染问题都严重影响甚至阻碍了乡村的发展。

### 2.2.3 乡村生产空间研究展望

乡村振兴战略的目标是实现农业农村的现代化，与乡村生产空间的发展目标不谋而合。"产业兴旺、生态宜居、乡风文明、治理有效、生活富裕"的战略方针清晰刻画了乡村建设的思路，贯穿整个振兴战略的制定与实施。乡村生产空间是由人地关系组成的复杂系统，应根据地域区域条件的差异性、土地性质的多元性，赋予不同生产空间不同的功能。而找到造成乡村功能不均衡的影响因素，将成为未来的研究方向。

### 2.2.4 乡村生产空间未来的发展方向

关于乡村生产空间未来的发展方向，本书结合相关研究提出以下设想：促进产生链精准对接，打造多功能聚集的乡村空间，集约优化乡村生产空间。将全产业链经营与集约化经营相结合，渗透绿色景观概念，做到生产景观化、生态化、产业化，提升景观价值、生态价值、产业价值，最终实现乡村生产空间的可持续发展。未来的乡村生产空间应在全产业链模式下集生态化生产和集约化经营于一体，提高生产效率，促进乡村农业转型升级，实现乡村产业振兴和乡村的可持续发展。

## 2.3 公共健康导向下的乡村生产空间营造原则

### 2.3.1 自然优先

对耕地空间和园地空间而言，不能一味追求产量而大量使用农药、化肥，避免污染环境，破坏生态。商品林空间的营造要注意增加商品林木的种类，增强人工生态系统的稳定性，促进商品林产业的生产和发展。鱼塘和牧场等养殖空间则包含所有生产空间中相对完整的食物链，在鱼牧产量上做出努力的同时，也应该着眼于整个生态系统的控制，维持生产者、消费者、分解者的平衡。林下种养空间是一种相对复杂的空间形式，能有效实现可持续发展。在乡村生产空间的营造方面，我们不能以牺牲生态环境为代价一味地追求生产效益，这是不符合可持续发展理念的，同样也注定是得不偿失的。

### 2.3.2 以人为本

乡村振兴作为当前的国家战略,是自上而下提出的关于整个中国乡村发展的总要求。而在乡村的实际建设过程中,乡村生产空间各子空间中的每一个生产环节都需要当地村民的参与和付出。因此,需要当地村民主导生产,满足村民的实际需求,让生产空间的建设惠及每一位村民。

### 2.3.3 功能多元

乡村振兴战略能否落实到位、执行彻底,都与乡村产业的发展状况息息相关。我国的乡村生产空间在生产形式上是单一的,其所承载的价值也是单一的。因此,公共健康导向下的乡村生产空间营造要在有限的空间范围内遵循一定的空间原则进行开发建设,以提高土地利用率,使空间的功能得到拓展。可以将第一产业与第二、第三产业有效融合,延长其产业链,拓宽其产业面。

### 2.3.4 因地制宜

要使生产空间健康发展,促进产业兴旺,我们应多业并举、因地制宜。不仅要发展种植业、畜牧业、养殖业等基础产业,还要发展农产品加工业、手工业及旅游业。要注重产业链的延伸,及时升级产业模式,促进产业融合。在经营好耕地空间、园地空间的同时,还要输出和传承乡土文化及本土文化。中国自古以来就以农业生产为主,而农业生产本身具有极强的地域性,因此农产品也带有显著的地方特色。发展特色产业就是要结合当地的文化特点,发展与当地文化相匹配的特色产业,促进文化、产业共同发展,形成健康的发展态势。

## 2.4 公共健康导向下的乡村生产空间营造策略

本节从农业产业链、产业升级和产业融合三个方面对乡村生产空间的营造策略进行了阐述。三者既有层层递进的逻辑顺序,也有相辅相成、共生共存的交叉关系。农业产业链主要着眼于从农作物种植到生产加工再到下游销售的农产品加工链条,产业升级主要陈述乡村传统特色产业的开发打造,产业融合则分析三产的一体化发展。三种发展模式环环相扣,但不论何种产业结构的打造与优化都需要以生产空间为载体,都需要以"具体空间具体操作"为原则进行针对性分析与安排。

### 2.4.1 农业产业链模式下的乡村生产空间营造

#### 2.4.1.1 相关概念

农业产业链指农产品从原料、加工、生产到销售等各个环节的关联。各环节连接发展成为完整的产业闭环,从而提高整个产业的效率。不仅如此,还可以实现食品安全的追溯,从而形成一个完整的食品供应流程,保证食物的绿色、安全和营养。随着社会和经济的不断发展，有限的资源使得乡村生产空间中也存在着各种各样的竞争。而当前最为激烈的竞争就是产业链之间的竞争。农业产业链的优化更新能有效发挥中国传统农业农产品原料丰富和农村剩余劳动力充足的双重优势，弥补生产经营方式上的不足，达到加快推进农业结构调整、促进农民增收的目的。

农业产业链主要分为生产环节和经营环节。生产环节又可细分为种植、采购和生产加工。种植时需重视所处环境的自然条件，根据作物特性对地形、气候、水源、土壤等因素的状况进行相应改善。采购包括国内采购和进口采购。国内采购时需要考虑国内产区的播种面积、国产农产品的销售价格、国内的运输条件、进口与国产农产品的比价等因素，而进口采购时则需要将跨洋运费、库存、汇率、税率、期货作价成本等作为主要的考虑因素。影响生产加工的主要因素则是产能、开工率以及科技水平。在经营环节，产品销售涉及的整体物价水平、产品售价、企业经济效益、运输情况等则作为需要重点关注的因素。

#### 2.4.1.2 农业产业链模式下的乡村生产空间优化

1. 发展建议

要优化农业产业链，不仅需要高素质的新型农民积极参与，还需要龙头企业起到表率作用。所以，农业产业链模式下的乡村生产空间优化需要大力培育农产品加工龙头企业，以农业科技化作为着力点，走市场化发展的道路，最终实现农业生产资源行业由低效益向高效益、由低生产率向高生产率转变。农产品加工业作为产业链的核心，应予以足够的重视。我国农产品加工业尚处于初级阶段，在未来的发展道路上还有许多需要改进的地方，针对这些问题给予合适的回应、做出相应的改进，对相关加工生产空间进行合理分配，将有利于我国农业结构的调整优化和现代农业的更新建设，并促进农民增收、繁荣农村经济。以下是针对农业产业链模式下的乡村生产空间优化提出的几条建议。

（1）积极实施差别化政策。

我们应从地区的差异性出发，根据所在空间环境的地形地貌、自然水源的分布，对资源开发利用的可行性和便利度进行评估，从而明确划分有关生产空间中生产用地的类别，并对其进行合理的规划设计。当前，农产品加工业已成集聚趋势，应鼓励资本的弹性流动，以解决当地发展遇到的资金问题。同时，也要加强该区域的基础设施建设，促进物流业发展。政府需要出台一些更有针对性的扶持政策，以支持农产品加工和销售行业进一步发展壮大。政府可以对一些区域给予特殊支持，特别是农产品原料丰富、加工利用比重又相对较低的农产品加工地区；而那些以出口为主的农产品加工企业或者地区，则可以发挥政府的引导作用，同时进一步简化出口程序，加大出口政策支持力度。

（2）建立和优化财政投入机制。

政府应该加大对乡村生产空间中农产品产业的财政投入力度，明确政府相关部门的财政支出中对农产品的资金投入以及对农产品加工业的投资比例。政府应整合财政支农专项资金重点培育的农产品加工业，进行整体分析并进行产业间的重新规划分配。逐步扩大财政扶持资金中对于中小微农产品加工企业的覆盖面，从而有效扶持更多中微小企业，促使其逐步步入正轨，并能健康正常发展。同时，也要降低竞争型财政扶持项目的申报门槛，推进形成健康合作、正常竞争的产业发展环境。

（3）加快完善有关税收政策。

政府应从上至下地调整现有的农产品加工业税收政策，从而达到减轻企业负担的目的。适当放宽市场中有权享受税收优惠政策的农产品加工龙头企业的认定标准，从而扩大企业的规模，增加企业的数量。同时，加大省级以上以及地区相关重点项目、地区特色项目的农产品加工龙头企业税收的扶持力度，适度下调农产品加工企业所得税税率，促进本土特色产业的健康发展。

（4）引导支持装备和工艺更新。

政府应加大对农产品加工技术的投资力度，着力引入或开发新的初加工技术。为了支持农产品加工企业购买与研发新的加工技术，政府应出台相应的政策给予适当的支持。此外，要建立健全相关制度，鼓励企业使用资源能源消耗低、环境友好型的加工装备和生产设备，政府可以通过财政补贴及开放信贷的方式进行支持。

（5）充分发挥行业协会的作用。

在现有经济体制中，行业协会是一种具有引领作用的机构组织，是政府和农产品加工企业间的桥梁和纽带，更是整个产业的领导者。政府应当鼓励并支持与乡村生产空间相关的产业建立行业协会，引导相关产生良性发展，避免区域内农产品加工企业间的无序竞争和恶性竞争。此外，还需要建立健全与行业协会相关的法律法规，最大限度地解决农产品加工行业协会面临的法律问题，保障行业的正常发展。

（6）完善配套政策和措施。

首先，需要从国家层面出台相关政策，为行业的发展拟定大体框架。其次，需要依照地方建设用地指标，依据生态环境保护要求标准并考虑对社会环境的影响。最后，根据一定比例，采取定向划归方式逐级落实，提供给农产品加工企业使用。根据我国最新的国土空间规划，在合理合法的"三区三线"范围内，将闲置和废弃的建设用地优先安排给农产品加工企业使用，这样既能加快建设审批的流程，又可以缩短土地闲置的时间。相关部门还需要进一步规划、调整国土空间范围内的闲置土地，更为高效地利用空间；尽量简化审批手续，节省时间和人力。同时，探索试用小微型农产品加工企业厂房临时用地保障机制，试点结果可作为推广的参考与依据。

除了物资设施的保障，也应将人才引进纳入工作计划，以吸引与农产品加工相关的人才。

2. 空间优化策略

农业产业链改造升级的方向涉及生产、经营和服务三个领域。其中，将生产、经营领域的空间按照不同的方式排布与组合，可形成产业链集中式布局空间和横、纵、侧向关联性布局空间，而服务领域的空间可作为辅助配置于各领域空间内。在划分耕地空间、园地空间、商品林空间、牧业生产空间、设施农用地、林下种养空间时，根据各类空间的特性，合理安排布局，并对生产、经营和服务各个环节的权重进行分析、配比。应思考在各种生产空间中如何提高生产环境的智能化水平，如何突出生产经营的差异性，如何提升乡村生产空间中相关服务领域的信息化服务能力，使各流程更为透明和可靠,从而推动农业产业链持续性的改造、优化和升级。

集中式布局是指在一定区域范围内,集合同一产业链上的相关企业到某个集中管理的特定区域,并根据不同企业的特性进行合理的空间布局,从而形成具有一定服务规模的产业集群,以此形成规模经济。但受资源和成本的制约以及分销等各方面因素的影响,集中式布局在六大生产子空间中并未广泛分布。而在乡村生产空间中,横向关联性布局是指将具有趋同性质的产业分布在有限的生产空间中的不同区域的空间布局,这些产业链中的企业或产业具有相同或相近的特点与构成。随着农业改革的逐步深入,横向关联的空间布局被打破,出现了行业之间的收购合并。纵向关联性布局是指产品与上、下游关联性较强的空间整合布局,这种布局分为向上的关联性布局和向下的关联性布局,分别指企业向原料与能源富集地区集中的趋势和在空间上向下游营销业务地区集中的趋势。耕地空间、园地空间等对水土、气候要求较高的乡村生产空间会因产品质量的保障以及节约成本而倾向于选择这一类空间布局。侧向关联性布局是指将业务上相关性较弱的企业集中在同一个区域,在某个区域内富集对生产要素有不同需要的企业,这种需要囊括运输、信息、制度等方面[①]。例如,商品林空间由于对交通便利条件的需求,会优先考虑侧向关联性布局;设施农用地由于其建设上的特殊性,更需要财税、配套政策的支撑,也会选择侧向关联性布局。

升级乡村生产空间,由人工走向智能是必然的发展道路。根据当地的自然生态和社会环境条件,对农产品实施差异化生产,进一步打造更加人性化、科学化的乡村种养生产空间。还可以搭建农产品溯源系统,使源头到销售全面透明。与此同时,由于食品生产的复杂性与特殊性,要加强对食品安全各环节的监管与审查,构建农产品生产、加工数据库,使各个环节都做到有迹可循。溯源技术的运用对打造健康的生产空间具有重大意义。在乡村生产空间中,大力鼓励使用智能设施,将相关高新科技广泛应用于生产加工中。通过使用生产计划系统(包括但不限于农业测土配方、生产作业计划以及农场生产资料管理的技术)不断提高生产空间的整体作业效能,从而逐步实现智能高效的乡村生产空间的构建。

升级乡村经营空间,采取个性化与差异性营销方式。应用当前较为新兴的技术(如物联网、云计算大数据管理等),打破农业生产与市场销售分裂的格局,有效改善和减少时空对于乡村生产空间发展的限制因素,实现乡村生产空间中对于原材料采购和农产品流通等相关数据的实时监测与即时传递,降低信息时差对经济效益造成的影响,有效解决当前信息不对称所引发的一系列问题。发展基础较好的龙头企业可以通过营业基地、建设网站、物流配送一体化的新模式进行经营,使自身的销路拓宽、业绩提高,让营销市场化和运营品牌化的观念更加深入人心。目前,带有地方特色的农产品也开始在主流电商平台拥有一席之地,打开了农产品销售的新大门。这些尝试与探索指引农业经营在乡村生产空间中向流程化、订单化、网络化等转变。农业营销是乡村生产的下一环节,其运行方式也将进一步走向个性化、差异化及定制化,以此来应对复杂多变的市场环境。农产品生产走向多样化和特殊化,能够满足部分消费者的特别偏好,不仅拓宽了

---

① 唐静,唐洁. 产业链的空间关联与区域产业布局优化 [J]. 时代经贸,2010,20 (14):26-27.

乡村经营空间，还推动了乡村生产空间的生产多元化。

升级乡村服务空间，提供科学、动态的全方位信息服务。服务不直接决定生产，但其水平的高低直接影响着生产与经营。服务空间应同生产空间、经营空间共同规划。基于目前市场所研发出的服务系统，可采用公众号推广、短视频传播等方式向农户提供气象预报、灾害预警、公共社会信息服务等多种公共服务。同时，借助相关信息服务平台或者其他形式，也可以向农业经营者提供辅助培训与传达信息，比如宣传先进的农业科学技术知识、传递生产管理信息、提供农业科技咨询服务等。在此基础上，还需要提升农业经营者在市场中的竞争力并增强其抗风险能力，从而更加完善和优化乡村生产空间中的相关服务产业，促使其稳步、健康发展。总而言之，我们应通过大数据、云计算等先进的技术，推动农业管理数字化、现代化，达成农业管理透明化、可视化，提高农业部门的工作效率。

### 2.4.2 产业升级模式下的乡村生产空间营造

#### 2.4.2.1 相关概念

产业升级是指使产品附加值提高的生产要素改进、结构改变、生产效率与产品质量提升以及产业链升级，主要涉及产业结构的改善与转型以及产业素质和效率的提高。产业结构即第一、第二、第三产业在国民经济中的占比以及三产内部的配置，产业的协调发展和结构功能的提升直接反映了其改善程度，表现了产业由传统式模型向现代化模型的转变；生产要素的优化组合与技术水平、管理水平以及产品质量的提升则展现出产业素质和效率的提高。产业升级必须依靠技术进步去实现。[①] 下面我们以乡村传统特色产业的探索与开发为主线，简述产业升级模式下的乡村生产空间营造。

以产业升级为载体的生产空间需要同步优化，主要表现为对生产空间的土地进行整治、提升土地使用效率、优化产业园区环境、完善区域内的有关功能配套等。改造生产空间，控制与引导空间中的道路建筑、水系绿地、基础设施进行合理的开发与管理，重点考虑产业升级和产能提升，淘汰不适应社会发展或土地资源效能低下的乡村产业。发展时将产业升级的研究作为导向，依托我国最新的国土空间规划梳理土地类别，保留占用土地少、效能高的产业用地，修改、清退污染大且效能低的产业用地，从而提高土地的利用效率与可持续发展能力。

乡土特色产业应与当地农业农村的特定资源环境相结合，注重地域特色文化的彰显。同时，强调突出乡村价值的开发，打造具有独特风格的产业，为消费者提供特定的场所。乡土特色产业应极具本地特色或者民族特色，将现代与传统的精髓融合起来。近年来，乡村特色产业有了质的飞跃，得到了更为长足的发展，对农民的就业与增收起到了巨大的作用。

---

① 刘勇. 新时代传统产业转型升级：动力、路径与政策 [J]. 学习与探索，2018，12 (11)：102−109.

## 2.4.2.2 产业升级模式下的乡村生产空间优化

### 1. 发展建议

(1) 发掘乡土特色产品。

产业升级应注意发掘本地独有的自然资源，弘扬当地传统文化。在乡村生产空间中，应参考现有国土空间规划，在生态保护的前提下逐步开发各类资源，逐渐做大、做强、做精乡土特色产业。同时，因地制宜地发展多种多样的特色种养模式，加强对地方小品种种植资源的保护，做到合理、适度的开发和利用。在开发相关资源的同时，也要注重对传统文化的传承和保护。充分挖掘各类非物质文化遗产资源，在保护传统工艺技术的基础上与现代文化进行创新和融合。很多带有地域特色的产品，包括食品和传统手工业产品，能够满足消费者自用或送礼的需求，因而受到消费者的青睐。乡土特色产业有望不断壮大，形成完善的体系。

(2) 打造特色产业基地。

产业升级需要依托空间的合理分配，满足"制造业高端化""传统产业高级化""信息产业规模化""服务业集聚化""创新资源融合化"的要求。应以特色农产品优势区为中心，扩散发展多样化的特色种养生产空间。例如，林下种养空间可涵盖粮油、蔬果、中药材、养殖畜牧、花卉苗木等多个方面。推进特色农产品基地建设，积极顺应当地特性，建设规范化、规模化的乡村工厂与生产车间，极力完善配套设施，全面提升特色农业的发展水平，抓住"绿色、循环、优质、高效、特色"五个要点，依托"生产+"空间打造绿色化、标准化、品牌化的产业。如今已有部分县、村围绕乡村生产空间中的主导产业打造了特色产业基地，并投入了大量的资金与材料用以持续不断的发展，加工、仓储、物流等各个关键环节在这个进程中得以加强完善，对于农产品生产的质量检验与控制力度也逐步增强，人们越来越注重突出品牌培育的相关研发工作，将实现绿色化、标准化、品牌化定为目标，专心打造绿色循环、优质高效的特色产业。

(3) 培育特色产业集群。

近年来，在"绿水青山就是金山银山"理念指引下，具有乡土特色产业的示范村镇不断涌现。全国"一村一品"示范村镇规模逐渐扩大，为中国特色乡土产业实现品牌化、集群化发展提供了平台与载体。示范村镇依靠自身农业资源的开发，发挥自然生态优势，逐渐夯实产业基础，遵循从人无我有、人有我优到人优我特的发展道路，利用其集聚、竞争、分工协作的效应，推动发展从整村开发到一村带多村再到多村连片模式，逐步激发与展示区域经济发展新优势，从而最终实现资源优势到产业优势再到经济优势的转型升级。

我们需要快中求稳地完成分批建设，将计划细化为三个阶段。第一阶段将目标设定为集群内主导产业片区的形成，需要发展一批乡村集群示范村；第二阶段是由主导产业片区作为龙头，带动基础产业片区的发展；第三阶段则转向第三产业的大力发展，提供就业岗位，从而带动乡村经济再次增长，促进农民增收。

对于产业集群的发展，我们首先提出打造品牌工程的战略。通过打造一个乡村产业集群，推动该乡村集群特色产业品牌建设及发展。以集群优势资源所在地的示范村作为核心，借助从上至下的政策扶持，不断向外辐射扩散，建立集群特色产业园，形成更大的服务半径。其次，通过产业园经济的发展带动乡村的发展。最后，在充分发挥示范村地域特色资源优势的基础上，创建一个具有集群产业特色的重点项目。整个规划模式可归结为"一群一村一项目"，即以一个村带动一个集群，并在集群中找到特色。

要想拉动乡村生产的发展，首先要大力推进中心集群的聚合，优先发展资源独特的中心集群，以中心集群拉动一般集群的发展；其次要打造示范村，启发、带动周围区域乡村的发展；最后要成立专业孵化器，提供资金补给、人员培训、企业引领、产品定位等服务，加快整个集群的健康发展，以产业为动力，带动整个乡村实现跨越式发展。

在分配生产空间时，首先需要对依托乡村特色生产的作物与畜禽施行模式既定策略，其次需要联动周边生产空间共同形成较为完整的大规模产业空间。从种养模式的优化逐步延伸到服务的发展，再到注重文化的衍生，一步一步地辐射、扩大生产空间，并逐步补足空间内部所需的软硬件配置。

（4）创响乡土特色品牌。

乡土特色产业不仅是经济发展的载体，也是传承民族记忆与传统文化的工具。在乡村生产空间中，要想建立乡土特色品牌，需注重独特产业价值的创造，为有特殊需求的人群提供个性化的服务，从而在多变的市场环境中找到商机。乡土特色产业作为新型的主导优势产业，为当地农民提供了增加收入的新思路，也保护和传承了传统技艺，发扬了民族文化与精神。各地应严格遵照"有标采标、无标创标、全程贯标"的要求，制定相应的技术规程和产品标准，宣传与推广优质的乡村特色产品及传统技艺，致力于创响特色强、质量优的"乡字号""土字号"特色品牌。

2. 空间优化策略

农业生产要实现"三化"发展，即精细化、高效化、绿色化发展，生产空间也应借助高新技术达到以上的要求。营造更加完备的乡村生产空间，需要深入贯彻新理念，重点突破，借助新业态献策规划、聚合资源。

（1）实现精细化生产，节约资源，保障产品安全。

在农用设施用地中，利用现有的科技手段（例如大数据、数学模型等），尽可能对不同的农业生产对象实施针对性操作，预测生产环节中各种情况发生的可能性。在满足作物健康生长需要的同时，节约资源并避免造成环境污染；此外，需要不遗余力地保证农业生产环境科学化（即通过智能化设备对土壤、大气、水环境的状况进行实时动态监控）、生产过程规范化及生产产品标准化，只有这样才能保障产品安全与质量，推动行业持续健康发展。

（2）实现高效化生产，提高产值绩效，提升农业竞争力。

在生产过程中，需要准确判断农作物的管理周期，提高农业生产对自然环境风险的适应力与抵抗力，避免因自然因素造成的产量下降，进而减少各方面的经济损失。而云计算、农业大数据等现代科技的应用可以有效地提高效率和降低损耗，使农业生产经营者可以更方便地获取当地天气情况和现有农作物生长数据，预测未来市场供需状况，以尽可能地趋利避害。借助智能设施提供的信息，我们可以合理有效地进行人工、时耗、用地的规划，减少劳动力和土地使用方面的成本支出，促进农业生产有序进行，以提高劳动生产效率。我们还可以探索互联网与农业的融合应用，提高信息搜索的效率，降低经营管理的成本，促进从生产加工到流通储运再到销售服务的紧密联系，使土地、劳动力、运行资本、技术等资源要素得到高效配置，实现三产的融合发展，提升农业竞争力。

（3）实现绿色化生产，推动资源永续利用和农业可持续发展。

现代农业采用新型农业生产模式，集生态保护、生产发展为一体。我们可以通过精细化生产推动农业废弃物循环利用，减少浪费，有效降低污染、改善生态环境，同时也保证农产品绿色安全。我们可以借助互联网技术建立全程可监控、源头可溯回的食品质量与安全信息平台，健全质量安全过程监管体系，保障从农田到餐桌过程中农产品的优质、健康、绿色，让百姓吃得放心。我们可以搭建农业生态环境监测网络，获取农业生产空间中的土壤、气候、水文等基本农业资源信息，实现农业环境综合治理、水土保持规划、农业生态保护和修复的科学决策，形成资源利用高效、生态系统稳定、产地环境良好、产品质量安全的农业发展新格局。

### 2.4.3 产业融合模式下的乡村生产空间营造

#### 2.4.3.1 相关概念

随着乡村振兴战略的实施，农村作为推动新农村经济发展的重要载体越来越受到人们的重视，而新农村建设的重要推手——产业融合不断深化，同时，引领与关联产业和谐共存、齐头并进的产业融合的各式发展路径也相继被提出。

产业融合指不同产业或企业之间的相互渗透融合或交叉重组，是在产业与农村功能融合、空间整合的前提下，以第一产业为基础，通过促进第一、第二、第三产业的一体化发展，构建新型农业经营体系，培育新型农业形态，以达成农业转型升级，实现农村社会可持续发展的整体发展模式。良好的产业融合发展有利于推动农村区域经济一体化进程，构建以人为本的农村发展框架，消除城乡二元经济结构，促进城乡经济的融合发展。产业空间的融合即是根据三产分布所需，进行相应的功能空间的重新规划与合理建构。

我国乡村发展经历了从"以村促产"到"以产促村"的转变，再到产业融合的探索。在整个过程中，农工商贸终于找到了紧密联结的节点，产销逐渐融为一体，多元化的产业形态对现代农业产业体系的支撑优势也慢慢凸显，"生产空间"与"空间生产"渐渐融为一体，且两个部分都相应地做出了内容的补充与深化。产业融合引申出各式新兴业态，为建设依靠高新技术发展的企业以及搭建综合型平台提供了更多机会，帮助乡村完善产业链、升级传统特色产业，而这可谓是乡村振兴战略发展的根本。

#### 2.4.3.2 产业融合模式下的乡村生产空间优化

1. 发展建议

现在，逆城市化现象在城市中越来越常见。随着生活水平的不断提高，人们越发注重生活质量。在这样的背景下，越来越多的人希望能远离城市的喧嚣，享受田园的静谧。在产业融合概念下打造的空间，在最大限度保留乡村风貌的基础上，能够满足人们的现代居住需求，有效实现了城乡基础设施和公共服务均等化，吸引了众多城镇居民前来游赏旅居。

依据本土资源优势，对传统的生产空间进行重新规划设计，将其划分为多个产业链，并衍生出多个产业链节点。基于此，可以按照"三个一批"（"壮大一批龙头企业""发展一批中小企业""引进一批投资企业"）的办法，引进更多企业和组织参与其中，深入推进产业融合发展。围绕当地农业主导产业或优势特色产业，通过提升产品质量、技术能力和服务水平，有选择地介入农业生产、加工、流通和销售环节，以第一产业为基础，第二产业调动第一产业的发展，第三产业协助第一产业的进步，有效促进农产品增值，积极推进农业产业化经营。

从传统的乡村生产模式到产业融合模式需要经历一个较长的建设过程，发生一系列变化。首先，功能发生变化，从单一的农作物生产功能转变为集生产、加工、销售、展示为一体的复合功能。其次，发展模式发生变化，从普通的农业模式转变为"农业+"模式。再次，产业发生变化，从较为单一的农业产业链转变为全产业链，产业链重心也逐渐从生产端向体验端转移。最后，产出发生变化，经济价值、生态价值和生活价值得以提升。为了让新兴的模式得以持续发展，对有关产业进行融合时也应满足以下要求：

（1）找准功能定位。

要明确产业融合发展的功能定位，确保集体资源的效益得到充分发挥，促进集体经济的繁荣，进而推动循环农业、创业农业及农事体验的一体化发展。将自然村落与农业片区作为基本元素，遵循景观保留、产业融合、城乡二元协调发展的原则开展特色生产活动，对全域进行统筹开发。

（2）牢固基础条件。

调查基础条件，需要考量当地的发展潜力，确认区位条件、区域范围内农业基础设施水平、农村特色优势产业及勘探核心区域分布情况，厘清发展思路。

（3）完善政策制度。

当地政府应制定相应的措施保障用地、财政扶持、金融服务、科技创新应用、人才支撑等方面的投入，完备水、电、路、网络等基础设施建设，为产业发展提供条件。当地政府还应明晰建设主体，创新管理模式。

（4）明确资金使用机制。

当地政府部门应探索与社会资本的合作模式，推进先建后补、贴息、以奖代补、担保补贴、风险补偿金等政策措施的落地，大力引入社会资本，积极统筹各渠道支农资金。同时，严格监控政府债务风险和村级组织债务风险。

（5）突出带动作用。

以农村集体组织、农民合作社作为主要载体，引导农民自主参与建设管理，充分调动农民积极性，实现产业融合的共建共享。构建股份合作制度，通过财政资金股权量化的模式建立农民利益共享机制，分享产业增值收益。

（6）梳理运行规律。

根据当地特色产业，将新型农业经营主体进行重新分配，并对其进行"深造"，培养出更专业的从业人员，因地制宜地探索与制定产业融合后的建设发展、运营管理模式。村集体组织与龙头企业通过多方合作，发掘已有的优势资源，以创新机制激发内生动力。

2. 空间优化策略

在乡村振兴战略实施的大环境下，应结合农村供给侧结构改革及农村集体产权制度改革等，实现产村相融、三产互动，促进乡村生产空间向农村现代化、新型城镇化、城乡统筹发展和社会经济的可持续发展迈进。通过对耕地空间、牧业生产空间、商品林空间、园地空间、设施农用地的解构与重构，兼顾种养业、畜牧业以及升级后的第二、第三产业，衍生出教育科研培训空间、农业生产引领空间、休闲观光旅游空间、农业产业示范空间、农业推广空间等新式的功能空间。乡村生产空间为城市居民的休闲旅游提供了新的空间载体，也使乡村居民获得了农业的增值收益，合理且有效地实现了农村资源利用方式的创新。

鼓励城镇居民来乡村消费、创业、旅游、生活和定居，拉近城镇居民与乡村的距离、城市与农村的距离，促进城市与农村的结合、文化与思想的融合、现代与传统的糅合、生产与生活的契合。产业融合的发展在很大程度上推动了乡村振兴的进程，带动经济和文化的互动，促进城乡的交流互通。

在塑造产业融合空间时，需要注意乡村生产空间多元化的开发和运用。在尽可能节约土地的同时，注意营造单一生产空间内的场地感，便于区别乡村生态空间和乡村生活空间。在贯彻创新规划设计理念的同时，还需要把握多元发展与空间、功能、人的关系。空间打造的侧重点不再停留在传统的生产，而在于对深层蕴含意义的挖掘与展现。既要关注乡村空间的表象，更要找到其精神层面的背景与文化意义。要充分理解乡村空间中各功能的演变及文化变迁，不过分追求唯美主义。此外，还可以将乡村美学、乡村美育融入乡村产业空间融合的规划中，进一步结合乡村的自然美，发展与延续乡村的人文美。从乡村美学的角度出发，整体思考乡村空间的合理组合，将文化需求也纳入空间的建设与优化中。

## 2.5 典型乡村生产空间健康化营造方式

### 2.5.1 耕地空间

耕地空间是乡村生产空间中一种重要的空间类型，乡村的大多数生产活动都发生在耕地空间中。因此，耕地空间在乡村生产空间健康化营造中尤为重要。

#### 2.5.1.1 耕地空间存在的问题

1. 耕地空间被侵占

近年来，随着我国城市化进程的加快，部分乡村耕地空间存在被侵占或被荒废的现象，不仅影响了永久基本农田保护红线的划定，而且对我国粮食安全造成了极大的威胁。侵占耕地是极为短视的行为，会损害人民群众的长远利益。

2. 生态效益被轻视

我国是一个农业大国，耕地空间不仅是农业生产空间，当其作为绿地空间存在时还能产生生态效益。破坏耕地既不利于营造绿地空间，也不利于打造良好的人居环境。现存耕地空间分布较为分散，无法实现良好的生态效益。而且，耕地空间与水资源的分布也密切相关，其生态效益不容小觑。

3. 重视程度不够

由于重视程度不够，很多耕地空间布局缺乏合理规划，导致耕地空间的利用率降低。由于耕地分布分散，十分浪费水资源以及其他资源，导致管理成本较高。

#### 2.5.1.2 耕地空间健康化营造方式

1. 结合周边环境，营造具有景观特色的耕地空间

我国耕地空间面积巨大，若结合周边自然环境，稍加营造便可形成良好的大地景观。如婺源的油菜花田便是良好的空间营造案例，其凭借广袤的土地与良好的自然地理环境，造就了极美的乡土景观、大地景观，从而带动了当地旅游业的发展。

2. 整合分散的耕地空间，形成具有生态效益的板块

我国耕地空间普遍存在较为分散的问题，非集约化的管理模式使耕地空间缺乏规划。并且，由于大量的农民工进城务工，家中仅有老人及儿童，劳动力的缺失导致大量耕地成为荒地。若将较为分散的耕地空间集中整合，既可以形成具有一定生态效益的板块，也方便对耕地空间进行集中管理，达到节约资源的目的。

3. 通过现代化手段，高效集约管理耕地空间

通过现代化的管理手段可以梳理耕地空间布局，减少人工投入成本，节约资源，高效集约管理耕地空间。

4. 严格执行相关法律法规

根据我国最新的国土空间规划，国土空间范围采取"三区三线"的原则划定。按照相关法律规定，要牢牢守住耕地红线和永久基本农田控制线。当地政府主管部门应当加强巡视、监督、管理，严禁侵占永久基本农田，坚决守住永久基本农田保护红线。

### 2.5.2 园地空间

园地是指种植以采集果、叶、根、茎、枝、汁等为主的集约经营的多年生木本和草本植物，覆盖度大于50%的或每亩株数大于合理株数70%的土地，包括用于育苗的土地。园地空间内主要种植的是经济作物，相较于耕地空间来说，其承载的经济价值更高，同样养护成本也更高。

#### 2.5.2.1 园地空间存在的问题

1. 种植品种单一

大部分园地内仅种植了一种经济作物。虽然大面积种植同一种经济作物可以形成良

好的经济效益,但由于园地内生物种类单一,所形成的群落结构十分脆弱,容易受到病虫害的影响和侵蚀。随着人们生活水平的不断提高,以健康为生产导向,种植多种多样的经济作物,是园地生产的必然趋势。

2. 管理过于封闭

为了防止园地经济作物被盗取或被各种野生动物、流浪动物破坏而造成经济损失,同时也为了方便园地管理,我国绝大部分园地实行封闭管理。园地通常使用铁丝网、栅栏等进行封闭隔离,以打造一个封闭且安全的果园、蔬菜园等。但长期的封闭管理会造成园地与周围自然环境割裂,并不利于园地生产空间的健康发展。

3. 农药、化肥施用过量

部分园地会在作物生长的关键阶段过度地施以化肥、农药,极端者还会人为地改变其自然生长的规律,虽然这样可以快速有效地抑制病虫害的发生,但就长远来说,有害物质会通过食物链不断积累,最后会在人体内聚集,最终损害人类健康。

#### 2.5.2.2 园地空间健康化营造方式

1. 开放和谐的空间营造模式

园地空间同耕地空间一样,也可以打造成一种特殊的大地景观。我们应根据周围的自然环境条件,配合特色产业,结合当地的历史文化,打造具有当地特色的乡土文化景观。

2. 绿色养护

园地在抑制病虫害发生的同时应注意减少对环境的污染,优先选择物理防治或者生物防治的方法。此外,增加园地内物种的多样性,有利于病虫害的防治,同时园地的生产效率也会得到一定的提高。

3. 丰富多样的种植品类

现在,人们所追求的不仅仅是食物的品质,还更加注重膳食丰富和营养均衡。在园地中栽种多种经济作物,不仅可以实现不同经济作物之间的搭配,还可以形成独特的景观。

### 2.5.3 商品林空间

商品林是指以生产木(竹)材和提供其他林特产品,获得最大经济产出等满足人类社会的经济需求为主体功能的森林、林地、林木,主要是提供能进入市场的经济产品。

#### 2.5.3.1 商品林空间存在的问题

1. 一味追求经济价值,而忽略观赏价值和生态价值

商品林的主要作用是提供能进入市场的林特产品,然而,过度强调其商业价值,可能造成其观赏价值被人们忽略。此外,大面积的商品林还具有优于同等面积下的耕地空间和园地空间的生态价值。

2. 产业链过短,未发挥其产业优势

对部分商品林种植户来说,在商品林生长成熟后,将其送到工厂作为原材料进行加

工，产业链就结束了，商品林的潜在价值被忽略，产业优势未能发挥，因而收益甚微。

3. 分布分散，难以形成规模经济

商品林分布过于分散很难满足商品经济的要求，难以做到规模化经营。即使将分散的经营个体组织起来，其经营规模还是偏小，很难形成规模经济，同时也很难推动整个产业的升级以及与三产的融合。砍伐后的商品林若未能得到及时补充，还可能造成大面积的土地没有被有效利用。

#### 2.5.3.2 商品林空间健康化营造方式

1. 开发旅游价值，发挥景观优势

商品林大多是大面积栽植或者具有一定的观赏价值，管理者通过集中开发（如设置林中漫步道、林间树屋、林下茶室等）便可以实现第一产业与第三产业的融合，并使空间得以有效利用。

2. 延长产业链，拓宽产业面，配以科教宣传

配合手工业和制造业，将部分原材料进行加工，制成手工艺品进行售卖，便可以实现第一产业向第二产业的转型，延长产业链。在进行原材料加工时，可以引入游客参与环节，达到科教宣传的目的。

3. 制定相关政策，加强商品林管理

应结合现代企业财务管理，确定商品林经营管理的目标是在符合可持续发展的前提下追求商品林经营实体价值最大化。基于森林资源资产价值保值增值及企业经营能力提高两个方面，有学者提出实行森林资源资产运营、建立用地养地制度、按森林景观经营原理组织森林经营和管理森林资源资产、制定扶持政策、完善社会服务体系等五条商品林经营管理策略，科学地进行商品林的经营管理[①]。

### 2.5.4 牧业生产空间

牧业生产空间主要包括天然牧草地和人工牧草地两种。天然牧草地是指以天然草本植物为主，用于放牧或割草的草地，包括以牧为主的疏林草地、灌丛草地。人工牧草地则既可用来收割牧草作青饲、青贮、半干贮或制作干草，也可直接放牧。牧业生产空间常常由这两种牧草地共同组成，只由一种牧草地组成的牧业生产空间较少。

#### 2.5.4.1 牧业生产空间存在的问题

1. 人工牧草地管理不当，容易受到杂草侵蚀

人工草坪往往以人工种植为主，并非以天然草本植物为主要构成，所选的品种都是具有一定抗逆性的优势种，但品种较为单一。由于受到各方面自然条件的限制，以及各物种之间的竞争，优势种成为牧业生产空间中最主要的品种，其空间的生物稳定性大大降低，若受到更具有优势的杂草侵害，则牧业生产空间的生态安全将受

---

① 陈世清，王尚明. 商品林经营管理策略[J]. 中南林业调查规划，2001 (S1)：142−145.

到极大的威胁。

2. 过度放牧且开发强度过大，造成土地秃斑

天然牧草地被牲畜过度啃食或者人工牧草地被过量收割，会导致牧业生产空间不再具有自我修复能力，生态失衡而造成草场退化。草场退化后，土地利用效率将大大降低，资源短缺，家畜因冬、春饲料不足而掉膘或死亡，影响畜产品的产量，造成极大的经济损失。更有甚者，由于大面积的牧场受到损害，该地区的生态环境也会遭到破坏。

3. 附属价值未被开发利用

不论是自然牧草地还是人工牧草地所形成的乡土风景都具有一定的景观价值。由于草地的特殊属性，相对于耕地、园地来说，草地是一种具有特殊景观意义和价值的空间。畜牧业所产生的大量的生物肥料还可以转化成为能源资源，有利于延长第一产业的产业链，并为开发附属产业提供良好的基础条件，其生产原材料还可进一步开发利用以提高经济价值。

#### 2.5.4.2 牧业生产空间健康化营造方式

1. 妥善管理草地，有效防护病虫害，合理开发利用

草地主要由草本植物和极少数的灌木组成，其生态稳定性明显弱于以乔木为主的商品林，所以草地更需要精心养护和动态监测管理。可以在大面积的草地中栽植少量的灌木和乔木，引入少量对草地影响较小的动物和昆虫，形成更丰富的生态系统，这样也可以促进草地的养护管理，便于草地的健康发展。

2. 结合当地特色，挖掘开发牧业生产空间潜在价值

凭借草地良好的景观价值，可以开发牧场旅游项目（如骑马、放羊、挤牛奶、给绵羊喂食等），也可以开展农副产品的加工活动，等等。在让游客得到充分体验的同时，挖掘牧业生产空间的附属价值，由最开始的第一产业带动第二、第三产业的发展，形成三产同步健康发展的局面。

3. 观光和生产协调发展

利用天然的或者人工开发的农牧业景观资源和农牧业生产条件发展集观光、休闲、旅游于一体且三产高度融合的一种新型农牧业生产经营形态。这种新型农牧业生产经营形态有助于乡村深度挖掘农牧业资源潜力，调整农牧业产业结构，重新规划优势产业、基础产业和附属产业的配比，延长产业链以及拓宽产业面，最终实现产业升级和产业融合，形成新的产业发展模式。这样既可以改善农牧业生产环境，也为农牧民增加收入提供了新思路、新途径。

### 2.5.5 设施农用地

设施农业用地包括温室用地、畜禽饲养地、水产养殖地以及种育苗场所。其中，温室用地主要用于栽培工厂化作物，可以使作物生产摆脱自然环境的束缚，实现全年性、全天候、反季节的企业化规模生产。畜禽饲养地主要指以经营性养殖为目的，养殖主体

主要是禽类的畜禽类及其附属设施用地。水产养殖地包括水库、鱼塘等空间。

#### 2.5.5.1 设施农用地存在的问题

1. 科技性、创新性不足

专业技术力量短缺，投入度不高。由于乡村具有较高知识水平的人才较少，其创新的原动力不足，这也是阻碍其发展的一个重要因素。

2. 使用范围较小

温室栽培拥有诸多优点，因而它已成为保障农业生产的主要方法之一。由于温室建设成本较大，回报收益较慢，对于地势环境的要求较高，而且需要大规模的有效土地，所以温室用地的使用范围并不是很广；由于其创新性不足，所以发展也受到极大的限制。

#### 2.5.5.2 设施农用地健康化营造方式

1. 引进科技人才

引进科技人才，加上当地政府的政策支持，对农民进行生产教学。也可以引入相关高校，形成"村+政+校"联合发展模式，以现代化、集约化的方式发展农业生产。

2. 对设施农用地进行严格管控

各省市农业部门会同国土资源部门，根据有关标准、本地区设施农业发展类型和特点，本着从严控制附属设施用地规模、减少对耕地占用与破坏的原则，对设施建设标准做出指导性规定，对各类生产设施和附属设施用地科学制定用地标准，严格把握设施农用地范围。[①] 在以农业为依托的休闲观光项目或各类农业园区的建设初期，应明确用地性质，依法办理建设用地审批手续。

3. 鼓励在合法范围内进行设施农用地的开发

政府和各级单位要带头引导设施农用地建设并进行合理选址。各地应以农业发展规划和国土空间规划为基础，在保护生态、合理健康利用土地的前提下，采取相关措施引导农业生产健康发展。政府相关部门在面对设施农用地建设的相关问题时，应尽量利用荒山、荒坡、滩涂等未利用地或低效闲置的土地，不占用或少占用耕地。如果一定要占用耕地，则应尽量占用劣质耕地，避免滥占优质耕地。同时，通过采用耕作层土壤剥离技术等措施，最大限度地减少对耕作层的破坏。

### 2.5.6 林下种养空间

林下种养空间是生态系统中最为稳定、食物链最为复杂的乡村生产子空间，可以看作其他子空间的部分融合所形成的综合子空间。正是由于其综合性，所以不方便游客直接进入场地进行农事体验活动，而主要是通过农产品加工或者售卖来与游客产生联系。林下种养空间良好的生态系统对于保持农村当地的生态环境起着十分重

---

① 国土资源部，农业部. 关于完善设施农用地管理有关问题的通知[EB/OL]. (2010-10-27)[2021-12-20]. http://www.gov.cn/zwgk/2010-10/27/content._1731573.htm.

要的作用。

#### 2.5.6.1 林下种养空间存在的问题

**1. 管理过于封闭，动植物类型单一**

林下种养空间是一种相对完善的生产子空间，但为了方便管理，空间内的动植物类型较为单一，因此极大地限制了其生产类型的多样化。

**2. 资源受到限制**

通常情况下，处于该生产空间中的建群植物与林下生物资源，经过了长期的自然选择和优势种的不断迭代之后，其生态系统已经达到了十分稳定的状态。此时的生态系统是自然发展的结果，是一种天然、协调、稳定的关系。但林下种养空间大多地处偏僻，交通不便捷，在干旱缺水情况下，水资源很难及时送达。极端天气也容易对林下种养空间造成不可逆的伤害。

**3. 村民参与度过低**

目前，林下种养模式应当是我国农业、林业中一种重要的生产形式。但由于村民更偏爱在广袤且平整的土地上从事农业活动，所以林下种养空间常常被人们忽视。

#### 2.5.6.2 林下种养空间健康化营造方式

**1. 提高村民参与生产的积极性，培养村民科学生产的能力**

发展林下种养空间是巩固集体林权制度改革成果、促进产业绿色增长的迫切需要，也是提高林地产出、增加村民收入的有效途径。从林下种养空间的总体规划来说，相关部门要科学谋划，加强引导，积极扶持；从林下种养空间的具体实践来说，农村生产活动的各参与者要积极配合，提高生产积极性，努力学习新型科学技术，从而加快发展步伐，实现生态受保护、村民得实惠的改革目标，改善城乡二元结构。

**2. 多种类型混合配置**

在林下种养空间中，可以共同养殖几种相近品类的物种以增加其生产多样性。同样，相近种类的植物也可以多加栽植。可以先在小范围内进行尝试，效果较好后便可以大范围地进行推广，形成一定的规模效益，带动整个产业的快速发展。

**3. 增大面积，创造复杂多样的种养空间**

增加物种种类之后同样也需要增大种养面积，为它们提供良好的生存空间。面积增大后，可以为物种的生存和繁衍创造更多的可能性。

## 2.6 乡村生产空间健康化营造案例

我们选取了农业农产公园、田园综合体、农业产业园项目，从生产空间布局、生产技术路线和生产运营等方面对乡村生产空间健康化营造进行详细的分析。

## 2.6.1 彭州莲花山新型慢食农业农产公园项目

### 2.6.1.1 项目概况

彭州莲花山新型慢食农业农产公园又称乐夫农庄，位于成都市彭州市桂花镇西部莲花山，属于郫都区、彭州市、都江堰市交汇的"金三角"地带，规划范围约 3200 亩。彭州市桂花镇素有"西蜀陶瓷之乡"的美称，具有悠久的陶瓷制品生产历史。桂花镇的工艺陶瓷以其古朴典雅的风格和精湛传统的工艺在全国陶瓷行业中独树一帜，以龙、凤、花、草、鸟、兽等为图案，传承华夏文明和古蜀文明。

桂花镇交通便利，川西旅游环线、庆桂路、桂磁路贯穿其中。项目周边交通条件虽然优越，但目前对外交通主要依靠南部的插旗路，出入路线较为单一。项目周边旅游资源丰富，所属的桂花镇地形丰富多变，山、丘、坝俱全，土溪河、蒲阳河川流过全境。我们需要整合区域间的优势资源，建立精品旅游环线，实现功能互补、资源共享、线路共建、形象共宣，形成整体联动，在良性竞争关系下实现互利共赢。

莲花山总体北高南低，零散分布有大量的果林、苗圃以及林地，还有四条主要水系。山中道路具备一定基础，但不成系统且连通性较差。建筑为居民安置房和散置民房，前者整体建筑风格统一，色彩淡雅，层数以 4~6 层为主；后者分布较为零散，部分已废弃，整体建筑风格散乱，色彩脱落严重，以砖瓦房为主。项目内还有一座七仙庙，历史悠久，但建筑稍显破败，色彩丰富但部分脱落。

莲花山所具备的自然海拔高差使植被垂直地带性分布明显，内有种类繁多的野生乔木、花卉和果树，为产业发展提供了优越的基础条件。

项目内部水系较为集中，能满足农田、果林的灌溉需求，如图 2.6-1 所示。项目内部水池、水渠的水质较佳，可作为景观水景。

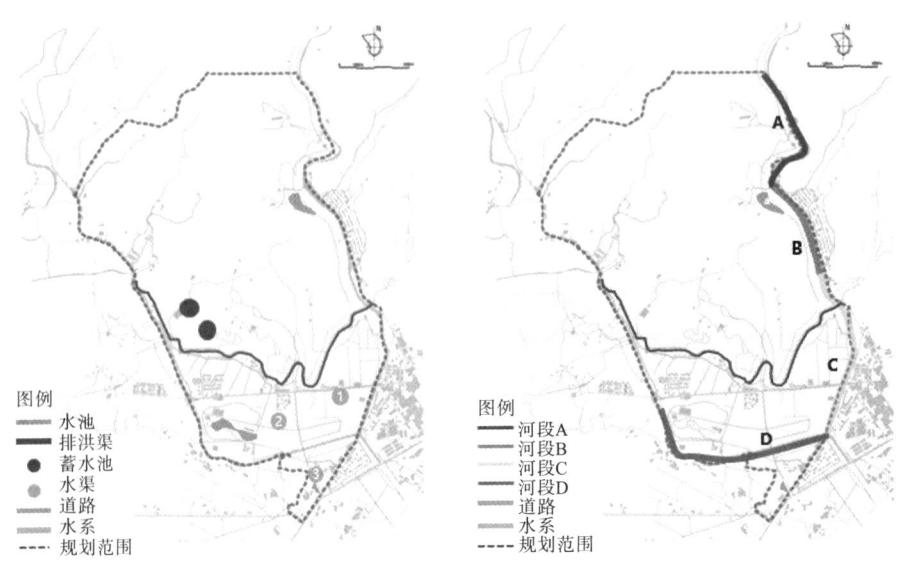

图 2.6-1 项目水系分析

## 2.6.1.2 总体规划

### 1. 规划理念

项目整体的规划理念是"漫栖",其意为不受约束为之漫。何谓栖?细品生活谓之栖。何谓漫栖?漫习、漫品、漫游、漫享谓之漫栖。漫栖是一种生活方式,希望游客能在乐夫农庄里亲近自然,远离城市的喧嚣,尽情享受"漫栖"式的生活。

项目旨在打造以可食用性植物为产业基础,以高校高科技农业为产业支撑,集康养休闲、旅游度假、生态修复多种功能于一体的西南片区最具示范作用的新型农业农产公园。园区将我国生态文明建设理念与西方慢食文化相结合,为生态文化下农业旅游提供了新的发展模式。项目以乡村旅游为"引擎",深化农业供给侧结构性改革,全面实现乡村振兴,缩小乡村与城市的差距,同时也保留自身的特色。莲花山新型慢食农业农产公园鸟瞰图如图2.6-2所示。

图2.6-2 莲花山新型慢食农业农产公园鸟瞰图

### 2. 功能分区

打造漫栖之境的基本步骤:首先,以农业和陶瓷文化为基础创建整个公园的基底;其次,以慢食为媒介,串联整个场地,以蔬果为关键,加速场地产业融合;再次,以水系作为"游线",林地作为"绸缎",共同绘制场地的构图;最后,以整个桂花镇莲花山为根基,构建和谐共享的美丽农业农产公园。基于以上规划理念和综合现状,将乐夫农庄构建成以四大板块、八大特色体验区为主的整体布局。

乐夫农庄根据综合现状及规划理念因地制宜,将基地分为漫习、漫品、漫游、漫享四大板块。同时,在四大板块中植入不同的特色体验,将其分为陶艺文化区、农业科普区、瓜果采摘区、蔬菜学农区、休闲游憩区、丛林越野区、湖畔景观区和森林康养区八个功能区,如图2.6-3所示。

图 2.6-3 乐夫农庄功能分区

主要景观轴线将入口景观区、门户广场区、风情街、休闲游憩区、滨湖休闲区、丛林越野区、森林康养区等重要景观节点串联起来，构成空间变化与视线指引的主要骨架。次要景观轴线作为辅助线，将陶艺文化区、农业科普区、慢食文化区串联起来，形成文化轴线。乐夫农庄景观结构规划如图 2.6-4 所示。

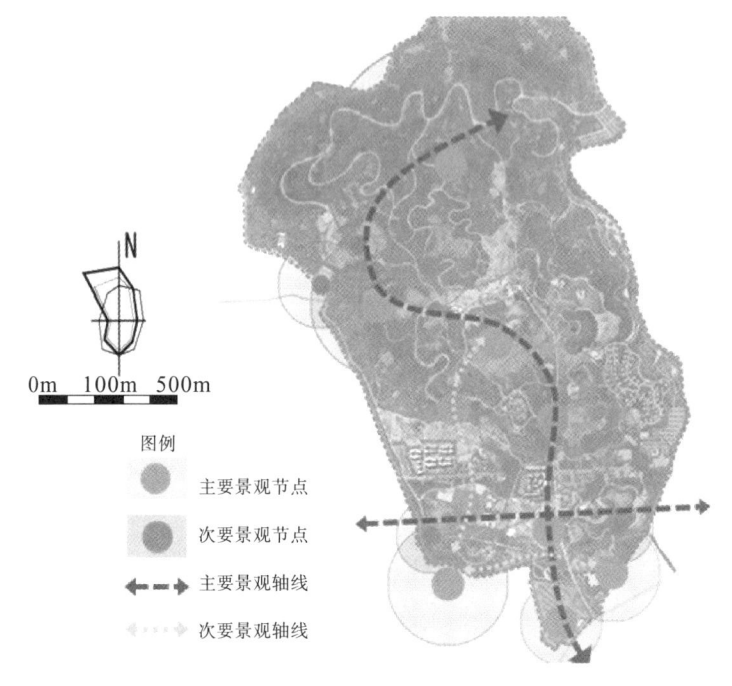

图 2.6-4 乐夫农庄景观结构规划

主要景观节点沿园区主要道路游线布置，次要景观节点分布在主要景观节点服务半径范围边缘，为游客提供游赏空间。

### 2.6.1.3 产业运营

**1. 科技研发**

乐夫农庄以良好的自然条件为基础，以科研基地为支撑，对传统农产品进行优化、创新，打造传统农业与现代科技联动发展的新模式。农庄选取传统优良果蔬品种进行种植，保持场地活性，再结合高校科技人才进行改良研发，在保留场地内原有自然资源的同时，结合科学方法进行新品种植。通过完善的管理体系，批量产出新品种果蔬产品，将产出的农产品进行形式创新，得到具有创意性的产品，最后利用互联网，使产品流向市场。以乐夫农庄独具特色的自然体验条件和高品质产品销售为亮点，吸引更多的城市人群感受田园文化，对城市人群生活方式产生影响，无论身处田园还是城市，利用产品让人体验到一种全新的生活方式——漫栖式生活。

乐夫农庄十分注重农业产品的品种研发，努力形成特色产业，选取西南片区本土特色果蔬品种，依托科研基地的自然实验室，对原有果蔬品种进行改良优化。农庄充分利用科研基地的专业人员、设备和场地，自行研发、种植和产出，形成产品制种—培育—收获的完整链条。乐夫农庄科技研发规划如图2.6-5所示。

图2.6-5 乐夫农庄科技研发规划

**2. 产业运营**

乐夫农庄以特色果品、有机蔬菜产业链为核心，提供观赏、采摘、食用等活动，以食用花卉为特色，形成第一产业、第二产业相融合的基础产业。农庄将科技产业、文化产业、乡村旅游产业作为引擎产业，驱动产业链长久发展。农庄将酒店民宿产业、商贸产业作为配套产业,丰富农庄业态,再通过产业融合,探索发展衍生产业。

基础产业主要涉及四类农产品。第一类是果树,农庄选择了石榴树、柚子树、山楂树、苹果树等八种果树作为基础果树,选择了海棠树、蓝莓树、樱桃树等七种果树作为精选果树,选择了桃树、李树、梨树作为主打果树。第二类是蔬菜作物,农庄选择了黄瓜、番茄、苦瓜等八种蔬菜作为大田植物,选择了生菜、菠菜、彩椒、辣椒等色彩丰富的蔬菜作为造景用的园艺蔬菜。第三类是药食香料作物,农庄选择了八角、八里香、花椒等六种香料作物和麦冬、连翘、川芎等六种药食作物,它们既可用于观赏,也可用作药膳、理疗产品。第四类是食用花卉,农庄选择了栀子花、牡丹、芍药等六种花卉作为精选花卉,选择了玫瑰、向日葵、薰衣草等六种花卉作为主打花卉。

引擎产业主要包括科技产业、乡村旅游产业和文化产业。科技产业主要包括新产品的研发、农民的科学培训及科普教育。乡村旅游产业则包括农事体验、科教宣传、森林探险等项目。文化产业主要融入陶艺制作、自然课堂、农业科普等活动中,可以对传统文化和地域文化进行宣传。

配套产业主要包括了加工产业、商贸产业和酒店民宿产业。加工产业主要包括中草药的研制,肉产品、果类产品以及花卉产品的加工,这样就拉长了产业链,实现了产业升级。此外,还加入了陶艺、手工布艺以及竹编工艺,在传承传统文化的同时,也拓展了产业形态。商贸产业主要集中在场地内的特色风情街,可以方便人们购买特色产品。酒店民宿产业作为旅游业的主要产业形态,有主题酒店、民宿客栈、休闲别墅、房车等多种形式。乐夫农庄产业规划如图2.6-6所示。

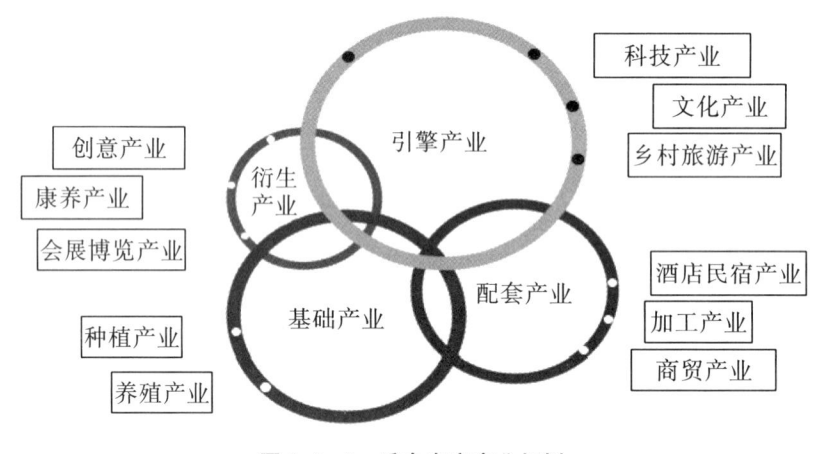

图 2.6-6　乐夫农庄产业规划

### 3. 销售运营

在销售运营方面,乐夫农庄首先是创建了综合多元的销售体系。新型销售模式以可食用植物的自产供应为基础,利用先进的科技手段,将丰富多样的产品与各式各样的活动结合起来,再融合西方的慢食文化,以"五步走"的形式形成以田园超市模式为主导的销售体系。第一步,在可食用植物种植园区内大量种植种类繁多的可食用植物,为田园超市提供货源保障,形成自产自销的循环产业链。第二步是产品的直接售卖,或是将这些可食用植物与园区内的"亲子采摘""鲜花零食汇"等活动相结合，使销售形式多样化。第三步是与其他产业相结合的售卖，产品与当地的非物质文化遗产"桂花土陶"结合，形成艺术碗碟的售卖，形成带有产业文化特色的田园超市。第四步是将新鲜的有机食材做成专属美食进行售卖。第五步是以宅配方式将特色产品结合互联网进行售卖，顾客可以认领一块土地，土地将由专人打理，顾客可以在线上随时关注蔬果的生长状况，蔬果成熟后全程冷链宅配到家，成为顾客"网上的田园超市"。乐夫农庄效果图如图2.6-7所示。

图2.6-7 乐夫农庄效果图

乐夫农庄也创建了综合多元的运营体系。农庄根据季节推出形式各异的节庆活动，以提升旺季时的游客量，增强淡季时园区的吸引力。农庄致力于打造自身特有的厨房花园这一品牌形象，大力宣传、推广、提升品牌的知名度和认知度。通过面向社会征集代言人、LOGO（图2.6-8）等活动，迅速形成轰动效应，引起社会广泛关注。再利用门户网站、微信、微博等平台，积极做好园区宣传工作（如建立微信公众号、刊登网站新闻、开展微博热议话题等），让乐夫农庄的品牌形象深入人心。邀请专业人士精心撰写旅游精品图文，以软性宣传凸显乐夫农庄的亮点。同时，也立足于乐夫农庄独具世外桃源气质的桃花林、可食性景观植物、悠久的桂花陶瓷文化，策划出高水准的旅游节庆活动，使其成为园区旅游发展的优势项目。还借助政府公共平台、各类市场平台展示资源优势，引进外来资本，以更高标准、更快速度、更强合力完成产业项目的建设，提升项目的规划、设计和建设水平，打造精品工程。

图2.6-8 乐夫农庄LOGO

4. 项目效益

通过优化产业结构实现多元化发展，以现代农业为第一产业的发展目标。通过农产品原料加工、销售服务等措施，实现经济效益的增长。第一、第二产业的发展也能推动第三产业的发展。例如，在桃林种植区，除了观光，还可将桃花采摘后加工制成桃花酿、桃花饼，从而促进观光旅游业的发展。乐夫农庄厨房花园的建立更是把生产、采摘、品尝、农家乐等紧密地联系在一起。

在社会效益方面，项目可为当地居民提供约 4000 个就业岗位，带动整个莲花山居民的就业。同时，也有助于土陶文化的传承与发展。

在生态效益方面，乐夫农庄由多类型、多层次、多功能的绿色空间组成，形成覆盖全境的生态网络。设计者通过点、线、面结合的方式打造健康宜居的新型慢食农业农产公园。"点"为组团中绿地，主要集中在建筑、酒店、民宿等居住地块；"线"为兼有防护作用的带状绿地，沿园区主、次干道布置；"面"为集中绿地，包括湖畔景观区、森林康养区等。设计者还采用科技手段实现废弃物的再生利用，强调园区景观的渗透性和共享性，保持园区自身的生态平衡。

## 2.6.2 达州赛绣万花谷田园综合体项目

### 2.6.2.1 项目概况

渠县隶属于四川省达州市，境内生态原始，旅游资源丰富，是度假休闲、文化旅游、访古观光、运动疗养的理想之地。达州赛绣万花谷位于渠县东南，沿南大梁高速路向南北两侧发展，以自然村落边界为限，总面积为 6062 亩，是沿渠江景观带与生态景观带的重要组成部分，地理条件优越。项目联合临巴镇（古镇文化）、群乐村（科普教育）、中道村（花卉产业）、东升村（康疗养生）共同发展，并增设旅游配套措施，带动本地产业发展。

万花谷内可利用的自然资源丰富，环境优美。其中，水资源充足且水质优良，独有的奇特冲击河石可形成别致的滨河景观；丰富的地形为众多活动提供了平台，起伏的坡地与植被为基地提供了天然的竖向空间；多彩的花圃果树、丰富的生态资源与优良的自然环境为康养活动提供基础；多元的人文文化增加了浓厚的文化底蕴，更加吸引游客。这些特点为规划提供了有力的支撑，为产业布局和活动空间设置提供了无限的可能。万花谷附近基础设施完善、交通便捷、旅游资源丰富，且能与周边的赛人谷、文庙、碧瑶湾、龙嬉谷、渠县汉阙群等景区共同构成渠县旅游环线，易于形成联动效应，具备开发价值。我们对项目进行了 SWOT 分析，为项目规划指引了方向，如图 2.6-9 所示。

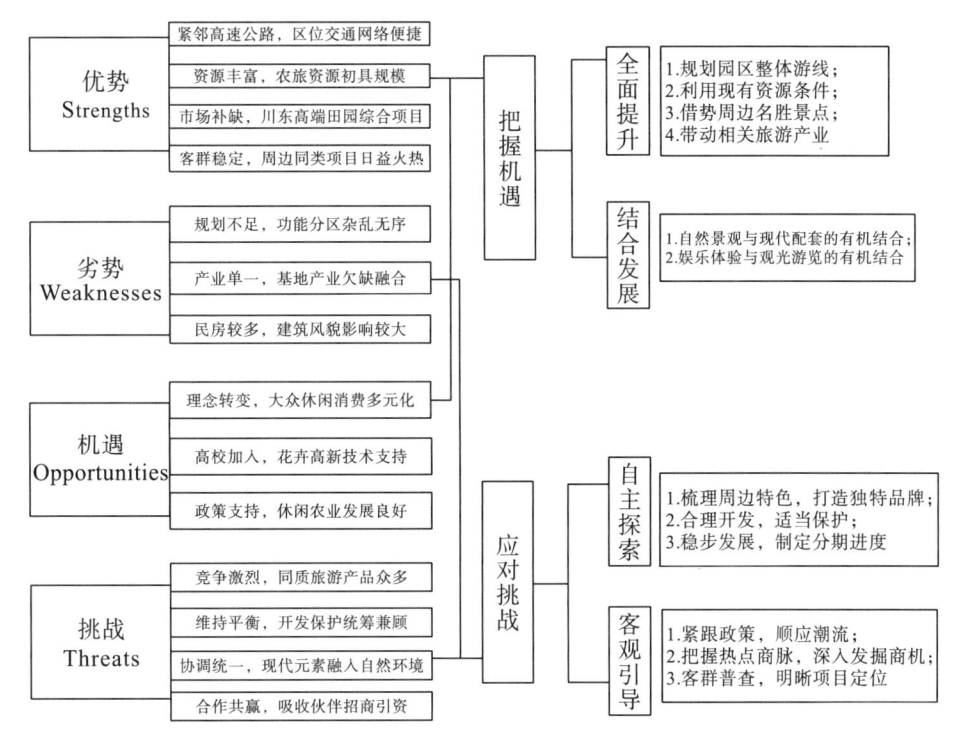

## 第2章 乡村生产空间的健康化营造

| | | | | |
|---|---|---|---|---|
| 优势 Strengths | 紧邻高速公路,区位交通网络便捷<br>资源丰富,农旅资源初具规模<br>市场补缺,川东高端田园综合项目<br>客群稳定,周边同类项目日益火热 | 把握机遇 | 全面提升 | 1.规划园区整体游线;<br>2.利用现有资源条件;<br>3.借势周边名胜景点;<br>4.带动相关旅游产业 |
| 劣势 Weaknesses | 规划不足,功能分区杂乱无序<br>产业单一,基地产业欠缺融合<br>民房较多,建筑风貌影响较大 | | 结合发展 | 1.自然景观与现代配套的有机结合;<br>2.娱乐体验与观光游览的有机结合 |
| 机遇 Opportunities | 理念转变,大众休闲消费多元化<br>高校加入,花卉高新技术支持<br>政策支持,休闲农业发展良好 | 应对挑战 | 自主探索 | 1.梳理周边特色,打造独特品牌;<br>2.合理开发,适当保护;<br>3.稳步发展,制定分期进度 |
| 挑战 Threats | 竞争激烈,同质旅游产品众多<br>维持平衡,开发保护统筹兼顾<br>协调统一,现代元素融入自然环境<br>合作共赢,吸收伙伴招商引资 | | 客观引导 | 1.紧跟政策,顺应潮流;<br>2.把握热点商脉,深入发掘商机;<br>3.客群普查,明晰项目定位 |

图 2.6-9 SWOT 分析

万花谷项目遵循三生同步、三产融合的原则,以产业发展为引擎、植物科研为核心、生态修复为重点,借助互联网、电子商务等现代科技手段,打造集产业、科研、生态、康养、文化、旅游、休闲多位于一体的西南片区顶级田园综合体。以花卉产业链为核心,以种植业、有机水产业链为重点,形成第一产业、第二产业相融合的园区基础产业。以科学引领现代花卉产业、生态智慧农业、文化旅游业高质量发展,以技术支撑乡镇产业升级,打造西南地区精品花卉产地,同时构建白鹭生态栖息地,恢复水生生态系统,延续田园生态肌理,发展乡村创意旅游。

#### 2.6.2.2 总体规划

1. 规划理念

达州賽绣万花谷鸟瞰图如图 2.6-10 所示。

图 2.6-10　达州赍绣万花谷鸟瞰图

在保护自然本底的前提下，我们将生产、科研、康养、体验、活动进行有机联合，从而带动周边产业发展。在科研方面，利用高校平台，掌握行业领先科技。在康养功能方面，着力打造天然的修身养性胜地，为人们提供畅享空间。达州赍绣万花谷总平面图如图 2.6-11 所示。

图 2.6-11　达州赍绣万花谷总平面图

## 2. 功能分区

达州寰绣万花谷项目分为三大产业区和一个核心游赏区。

三大产业区即花卉产业区、种植产业区和水产业区。花卉产业区以成为西南地区顶级的花卉产业区为目标，突出培育球根花卉、食用花卉、水生花卉和乔灌花卉，同步发展花卉加工业。种植产业区以发展渠县本地农产品为基础，发展自身特色农业为重心，最终成为西南地区极具特色的农耕产业园。种植产业区包括有机农场区、草药种植区和稻田养殖区。水产业区通过立体生态循环种养技术，以打造"鱼米相融"的趣味体验区为目标。园区还建设了配套设施区，完善相关产业链，促进产业链的资源联动。达州寰绣万花谷三大产业区功能分区如图 2.6－12 所示。

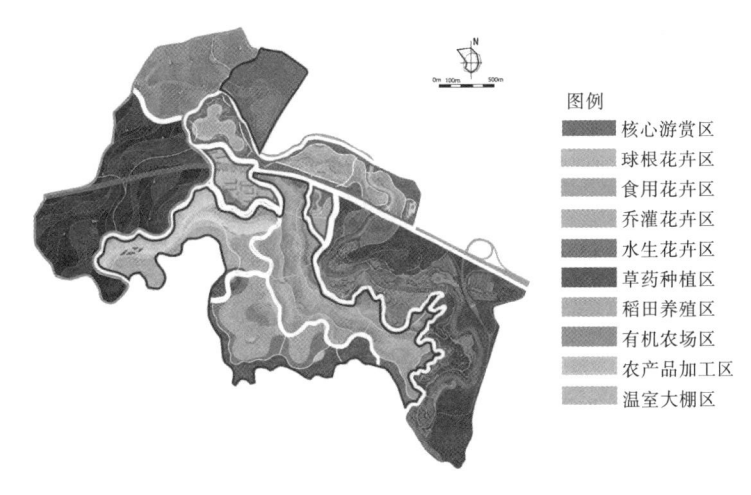

**图 2.6－12　达州寰绣万花谷三大产业功能分区**

核心游赏区采用环核式布局，旅游接待大厅、服务设施、娱乐项目等环绕核心景观布局。以一带滨河花廊串联起入口接待区、景观过渡区、生态保护区、农业体验区、花卉科普区、游览观光区、山林野趣区和水上活动区。在核心游赏区设置迷失花境、微缩花境、果蔬采摘、压花中心、自然课堂、白鹭科普、稻田摸鱼、稻田音乐会、净水瑜伽、水上高尔夫、鲜花养生餐等近百项包含食、住、行、游、购、娱的观光体验项目，增强游客的体验感和项目的趣味性。达州寰绣万花谷核心游赏区功能分区如图 2.6－13 所示。

图 2.6-13　达州賨绣万花谷核心游赏区功能分区

#### 2.6.2.3　专项设计

**1. LOGO 设计**

项目致力于彰显地域特色、显现乡村价值、展现独特品质，设计者为了更加丰富园区的特色、突出品牌，为其设计了两个 LOGO，如图 2.6-14 所示。其中一个 LOGO 结合花朵元素，以"万花"为主题，采用粉紫的色调突出万花谷浪漫清新的氛围，将蜜蜂放在 LOGO 中作为"谷"字的一部分，充分展现了万花谷的青春气息；另一个 LOGO 主要运用蓝色与紫色相搭配，旨在突出万花谷带给人的奇幻之感。

图 2.6-14　达州賨绣万花谷 LOGO

## 2. 活动空间创意设计

活动空间涉及水、陆、空，囊括食、住、行、游、购、娱六大活动项目。活动空间又细分为休闲区域和竞技区域，旨在为游客打造舒适自在的旅游项目。其中，夜景的设置更是成为核心区旅游资源的新亮点，也是智慧农业的表现之一。达州赟绣万花谷鸟瞰夜景图和日景图如图 2.6-15 所示。

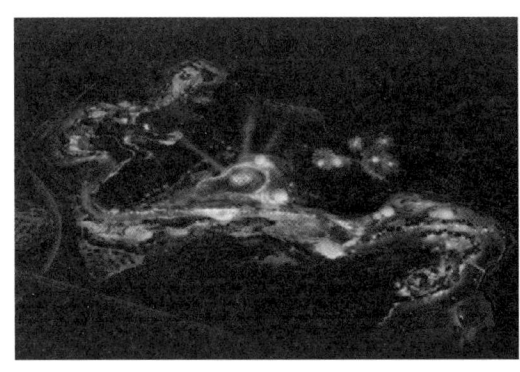

**图 2.6-15 达州赟绣万花谷鸟瞰夜景图和日景图**

园区以核心产业为主题进行游线设置，串联起主打旅游路线。主题游线的设计充分体现了园区特色，树立了园区品牌形象，增加了园区游览的丰富性，提高了游览的完整度和流畅度，也建立了区域差异性竞争优势。达州赟绣万花谷核心产业区总平面图如图 2.6-16 所示。

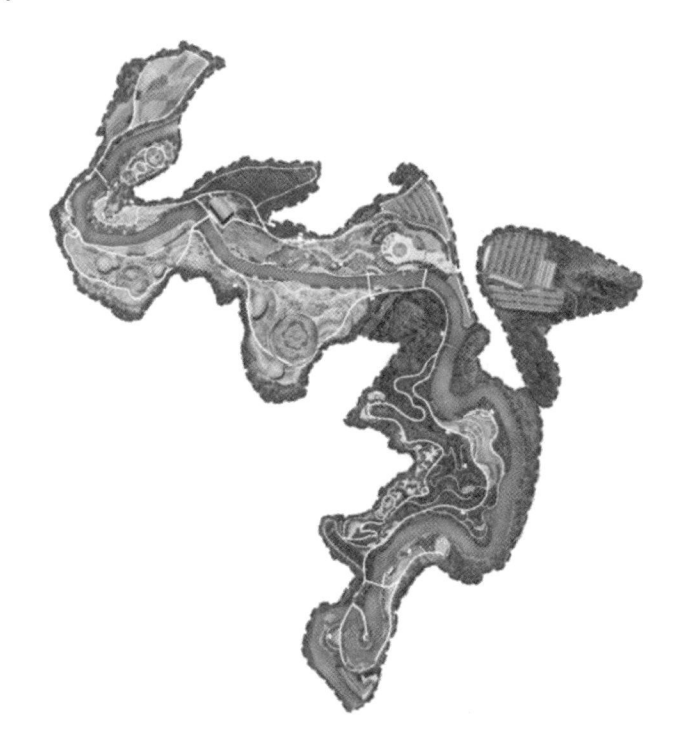

**图 2.6-16 达州赟绣万花谷核心产业区总平面图**

### 3. 产业策划专项设计

项目以乡村景观中的绿水青山、田园风光为基底，利用乡土文化资源，发展创新农耕体验与创意农业，推动农业衍生出的文创产业，延伸休闲度假和旅游观光的空间。首先，以优先保留修缮已有的农田为基础；其次，完善休闲景观的布局与功能，带动住宿等服务产业的发展；最后，延伸出精品酒店、民宿、露营等多种类型，从而在满足客群需求的前提下保留其原有的独特魅力。

#### 2.6.2.4 产业运营

### 1. 产业运营

达州赟绣万花谷以花卉产业为核心，以种植产业、水产业为重点，形成第一产业、第二产业相融合的园区基础产业；以农业生态循环发展为中心，驱动园区产业链长久发展；以科技创新和乡村旅游为依托，发展园区的引擎产业，加快优势农产品和产业集群的发展，打造出高效生态的现代农业园区。同时，挖掘当地特色，通过产业融合，探索、发展延伸产业。达州赟绣万花谷产业规划如图2.6-17所示。

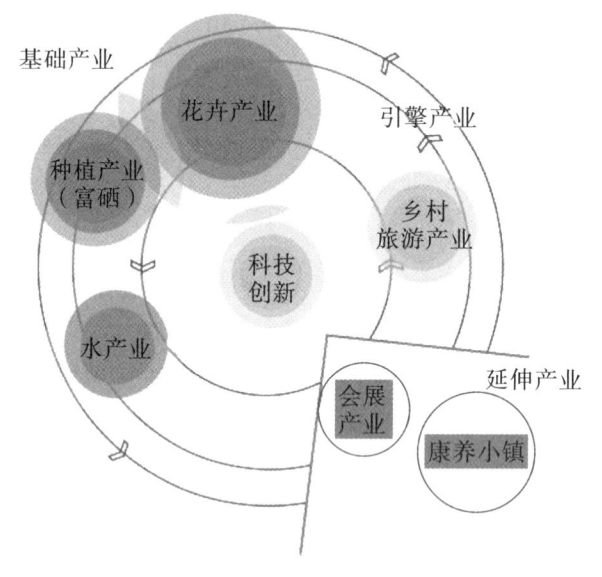

图2.6-17 达州赟绣万花谷产业规划

达州赟绣万花谷产业结构中，上游有压花产品与加工技术的研发、新品种研发与改良以及引种、驯种，中游有花卉的研发培育、高效栽培、功能研发，下游有销售、观光和科普教育。项目以现代农业为第一产业的发展目标，坚持精准培育，进一步加强田园产业功能的复合性。

### 2. 销售运营

首先，"赟绣万花谷"是具有高度市场吸引力的黄金品牌，针对公众群体，以农耕项目的独特卖点——归园田居式的乡村旅游，大力发展花卉衍生产品、富硒农副产品和养生经济。项目可借鉴相关产业营销的成功经验，用绿色营销和概念营销的创新组合作为营销策略。产品设计、产业发展、主题定位和游憩项目的设计致力于打造其品牌形象，在市场营销中要加大力宣传、推广力度，进一步提升品牌形象、扩大品牌的知名度。同时，面向社会推出征集"品牌代言人""品牌LOGO"等活动，提高品牌辨识度。

其次，引导区域景点联动发展。通过产品互补实现资源利用的最大化，加快区域旅游一体化进程。联动营销的核心理念是双赢和多赢，景区资源的共享可降低经营成本和营销费用，通过提高景区产品的质量，从而提升市场竞争力。要增加景区产品价值，可对景区之间的线路进行组合，使本景区产品的价值扩大化、完整化。单一景区在做营销推广时耗时、费力，且效率低下。如果采用联动营销就可以分享异地景区的销售渠道，可在短时间内推出景区产品、发布营销信息，从而占据市场。联动营销具有独特的形式，一个景点的活动或文化能够带动人们对这个区域进行广泛关注，制造联动效益。

最后，打造多种特色游线。建立以旅行社、自驾车、旅游区直通车为重点销售渠道的旅游营销体系，通过专项产品的营销，使园区成为自助游、短途游、乡村游、养生游等旅游胜地。通过目的地营销和形象营销，促成与周边景点的联动和旅行社的战略合作关系，短期内快速增加花卉主题旅游市场、乡村旅游市场和养生旅游市场的份额。

3. 项目效益

达州寰绣万花谷项目的建设与发展具有一定的经济效益，也对稳定乡村社会结构起到了积极作用。项目促进了三产融合，提高了当地的经济产值，让相关产业之间的联系更加紧密。项目发展了万花谷并带动周边区域相关产业的发展，从而形成形象共宣、线路共建、整体联动、互利共赢的大格局。同时，顺应当今人民对健康向往的趋势，田园综合体可以帮助解决康养、养老配套设施缺乏等问题。此外，项目在一定程度上也可解决农村劳动力闲置和人才外流问题，也能够帮助当地居民提高收入，提升生活质量。项目在宣传当地传统文化，弘扬当地特色文化，促进科技农业落地和发展，加强青少年科普教育活动等方面也起到了积极作用。

## 2.6.3 中国·南江国家现代农业产业园项目

### 2.6.3.1 项目概况

项目园区位于巴中市南江县大河镇芭蕉溪村，北临大河镇，南临仁和镇，西邻石滩镇和高桥镇，是南江县国家现代农业产业园核心区。园区距巴中市区约70公里，距南江县城约65公里，距银昆高速下两收费站约40公里，距光雾山4A级旅游景区约115公里。

园区环境优美、水系贯穿、山形丰富，为打造游赏项目提供了坚实的基础。项目起伏的坡地为人们提供了充足的鸟瞰视点及丰富的竖向空间。南江县金银花种植的历史悠久，为打造园区金银花主题的游赏体验活动和科研产品奠定了基础。南江黄羊是我国自主培育的第一个肉用山羊品种，依托园区内黄羊培育、黄羊科学研究等项目，可实现黄羊主题观光游赏和趣味科研活动。园区所在的芭蕉沟村是纯农业生产的村庄，村庄农耕文化浓厚，是典型的山地农田生态系统。芭蕉沟村的这一特点既为农旅结合提供了基础条件，也为产业布局和活动设置提供了充分的发展空间。项目的SWOT分析如图2.6－18所示。

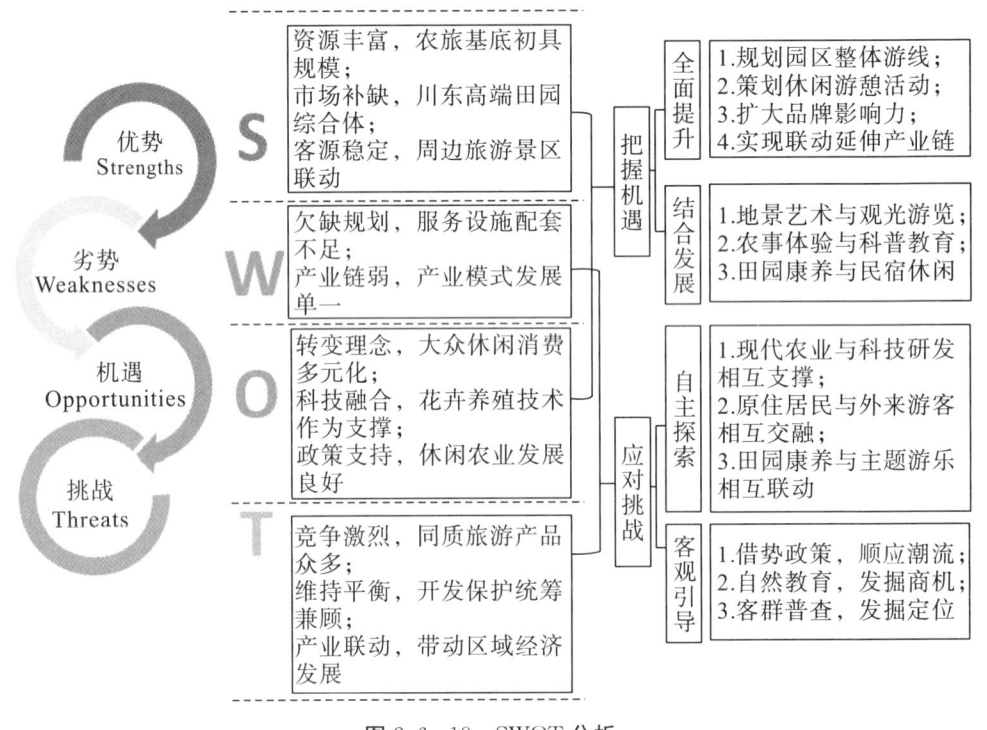

图 2.6－18 SWOT 分析

### 2.6.3.2 总体规划

中国·南江国家现代农业产业园总面积为3500亩，以金银花种植、黄羊养殖为核心，是按4A级景区标准打造的现代农业产业园。园区依托南江黄羊和金银花产业，建立南江黄羊科技创新中心、金银花科技创新中心。产业园以打造"国际羊都·秦巴药谷"为目标，按照"一轴、两核、三基地、一中心"的思路，布局生产、加工、物流、研发、商贸、旅游六大功能板块，形成产业衔接紧密、园村一体、羊村相融的格局。

园区的功能分区在充分考虑地形地貌的情况下采用曲线构图，利用原有的地形高差设置节点。根据园区旅游发展目标定位和旅游资源特性，结合各片区的不同功能形成"一核、三带、六区"的总体空间布局。园区包括博览展示区、游乐健身区、示范种养区、农事体验区、民宿养生区以及生态观光区六大功能区（图2.6－19），打造集旅游观光、种植养殖、美食购物、住宿养生、休闲娱乐为一体的特色农业农产园。

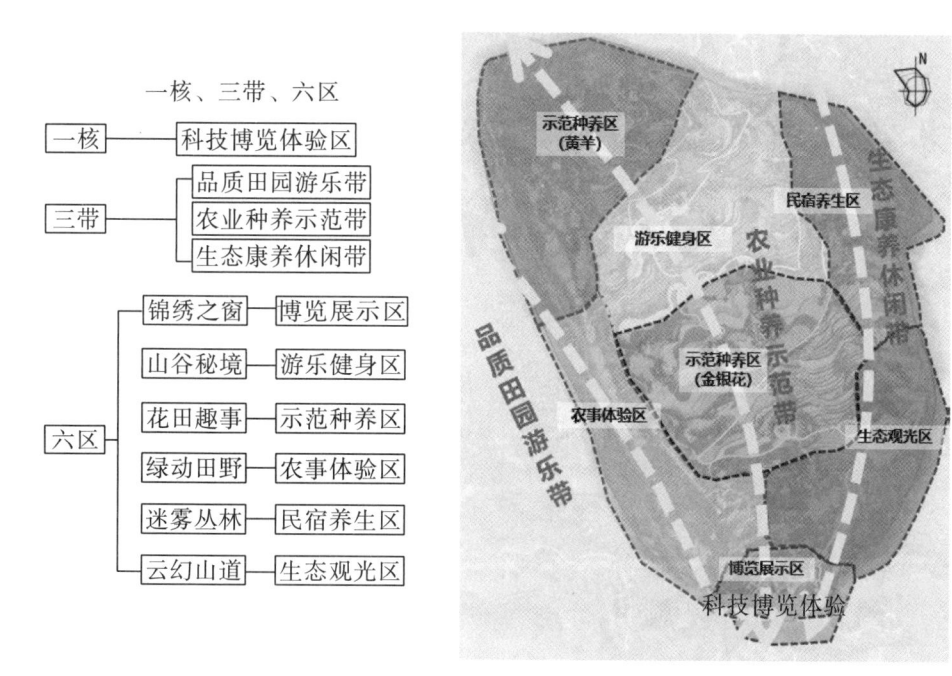

第 2 章　乡村生产空间的健康化营造

图 2.6-19　中国·南江国家现代农业产业园功能分区

## 2.6.3.3　规划策略

项目立足于打造一个集农业示范、科技创新、休闲旅游于一体的川渝地区顶级国家现代农业产业园，形成创新型农业业态，通过农旅融合树立品牌标杆。园区的规划策略有以下四种：

第一，通过搭建一个有机的、可持续发展的平台，使原住居民、消费者以及政府部门、科研机构等形成一个互相协助、互相依托的共同体，从而打造新型乡村共同体。①设计师、艺术家、学者等组成的设计团队负责乡村公共空间的设计、传统民居的改造、活动运营和品牌运营等。②技术团队组成的科研机构负责提供技术支撑，扶持金银花种植和黄羊养殖。③企业的参与为建立社会保障体系提供了不可或缺的支持，可为产业的建立和发展提供帮助。④游客可以在园区进行康养旅游、亲子活动，通过购买商品、民宿度假、设施体验、参与活动等消费行为促进新型乡村共同体的建设。⑤新型乡村共同体的建设离不开原住居民的参与，他们主要由农民、工匠构成，通过耕作、养殖和手工艺品制作来达到保护资源和支撑地域文化发展的目的。⑥政府相关部门可以给予一定的资金和政策帮扶，可达到增加税收和提供就业岗位的目的。⑦社会资本的加入可以提高社会效率和社会整合度。最终通过资源导向、价值导入和价值链聚合，将一个资源能源型产业园区改造为一个综合旅游全产业链。中国·南江国家现代农业产业园产业需求演变如图 2.6-20 所示。

图 2.6-20 中国·南江国家现代农业产业园产业需求演变

第二，打造全产业链来带动农民职业转型。以金银花种植、黄羊养殖为核心，以药用花卉产业链为特色，形成第一产业、第二产业相融合的园区基础产业。以农旅融合为契机，大力发展乡村旅游，并形成以科技创新、文化展示、科普教育为主题的引擎产业。以展现农耕文化的乡村旅游为依托，发展园区酒店民宿、商业餐饮和农副产品加工，使它们形成配套产业。丰富园区业态，通过产业融合，探索发展田园康养、会展博览、文创艺术等衍生产业。中国·南江国家现代农业产业园核心产业如图 2.6-21 所示。

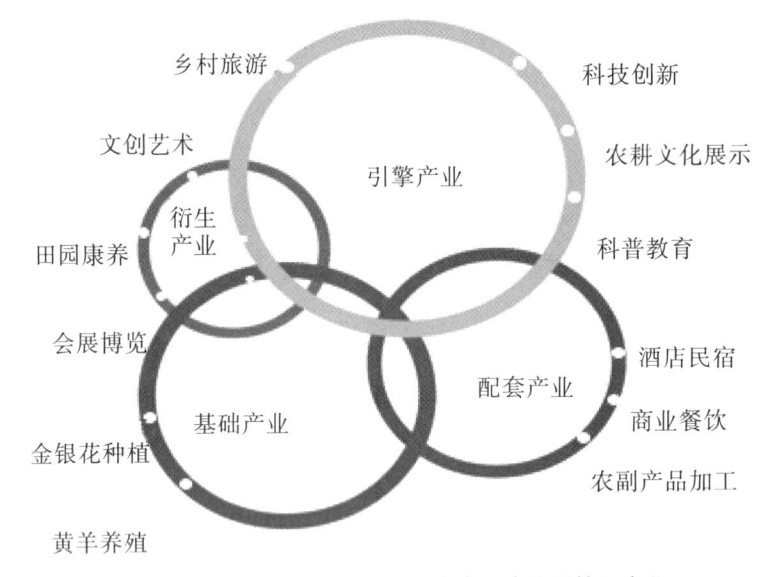

图 2.6-21 中国·南江国家现代农业产业园核心产业

第三，践行具有艺术情怀和地域特色的乡村美学。通过大地的艺术、空间的艺术、建筑的艺术以及符号的艺术去营造具有多元化、多角度和地域特色的乡村美学。产业园乡村美学意向如图 2.6-22 所示。

第 2 章 乡村生产空间的健康化营造

（a）大地的艺术　（b）空间的艺术　（c）建筑的艺术　（d）符号的艺术

图 2.6-22　产业园乡村美学意向

第四，打造主题 IP，串联场景故事，形成特色游线。IP 主题乐园是在发展 IP 的同时发展旅游服务业，实现第一产业和第三产业的有机结合，实现资源优化，是一种新型的运营模式。主题 IP 的建立可以缩短区域的投资周期、提升商品价值、拓宽产业链，并且知名的 IP 还可以降低市场宣传的成本。而"羊旅北极"主题 IP 结合了本土特质，选定黄羊卡通形象（图 2.6-23）作为主题 IP 的形象代表，利用"人地共生"的理念串联场景故事，形成特色游憩线路，并融入时下流行的艺术元素，策划具有主题性、文化性、示范性、体验性的主题旅游产品。

图 2.6-23　黄羊卡通形象设计图

通过以上四种规划策略，最终形成综合运营体系。根据需要推出形式各异的节庆活动，以提升旺季时的游客量，增强淡季时园区对游客的吸引力。利用门户网站、微信、微博等平台，积极做好园区宣传工作，如建立微信公众号、刊登网站新闻、开展微博热议话题等，让"羊旅北极"的品牌形象深入人心，成为公众热议的话题。在此之后，要致力于打造"黄羊"这一品牌形象，大力宣传推广，进一步提升品牌的知名度。通过面向社会征集代言人、LOGO 等活动，迅速形成轰动效应，注重品牌营销和形象输出。将药膳花园作为软性广告的包装重点——川渝地区唯一一家以金银花为核心的农业农产公园。在具体操作上，请专业人士撰写精品图文，以软性宣传凸显园区亮点。以黄羊繁育、悠久的乡土文化为本底，策划出高水准的旅游节庆活动，使其成为园区旅游发展的强力引擎和平台。同时，借助政府公共平台、各类市场平台等展示园区资源优势，带动企业参与,以更高标准、更快速度进行产业项目的建设,提升项目的规划、设计和建设水平,打造精品工程。

#### 2.6.3.4 产业运营

1. 科技研发

园区主要进行南江黄羊种羊选择、繁殖、育羔、育肥、防疫,牧草种子贮藏与加工、产品加工、冷链运输、储藏保鲜,金银花品牌繁育、标准化栽植、田间管理、采摘、加工、储藏等工作。通过研发—培育—生产—加工—销售,完成产业研发闭环,达到种养结合的目的。园区产业步骤如图2.6-24所示。

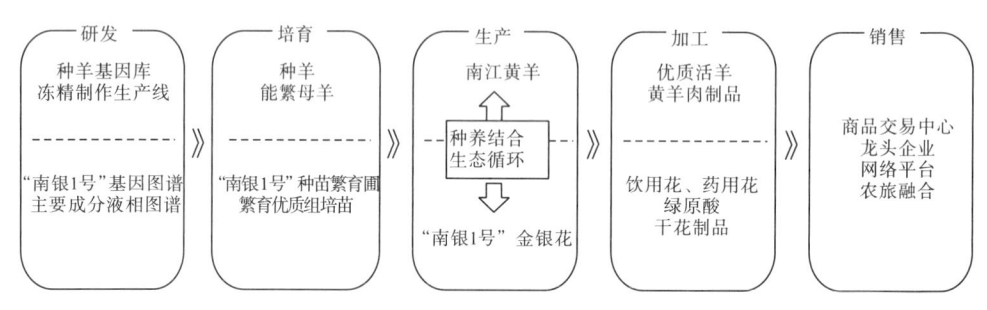

图 2.6-24 园区产业步骤

园区内黄羊养殖采"用户外散养+示范养殖区"的模式。户外散养选择生态优良的高山牧场,羊群以天然牧草为食,以清凉山泉为饮,为参观者展示一幅悠然的高山牧场风光,让其体验到野外放牧的乐趣。养殖区内建设小规模的厂房,通过搭建黄羊智慧养殖云平台,强化育种与养殖效率,提升黄羊品质,打造科技与农业相融合的养殖示范区、科普教育基地。除此之外,金银花的智慧种植也是研发项目之一。通过采集地面温度、湿度、光照等信息,可以及时掌握金银花生长情况。中国·南江国家现代农业产业园智慧种植示意如图2.6-25所示。

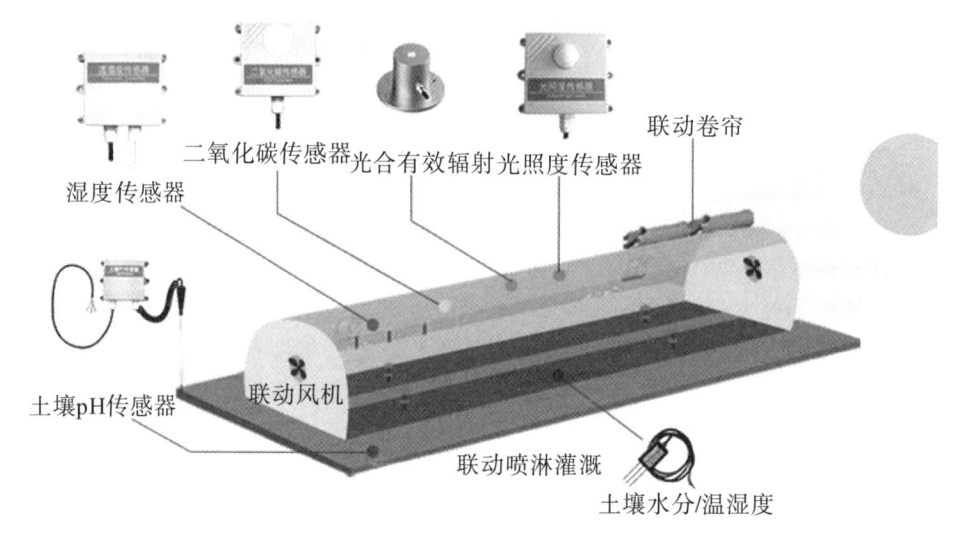

图 2.6-25 中国·南江国家现代农业产业园智慧种植示意

## 2. 产业运营

园区产业运营分为农产品的展示销售和精品游线设计两部分。园区利用农业农村部现有的质量追溯平台，建立数据收集、传输等信息库，使南江黄羊和金银花的生产、加工、经营等环节全程可溯，如图2.6-26所示。通过改造园区内的民居，将乡土文化尤其是羊文化融入园区的各个方面，发展特色羊肉餐饮、养生药膳，还可以通过开设娱乐项目增强游客的互动体验。园区还可利用主题性活动推广金银花，如开展金银花展销会、金银花博览会，搭配采摘活动及其他农事体验，打造集采摘体验、生产观摩、科普教育、美食购物、网络直销于一体的综合博览销售基地。

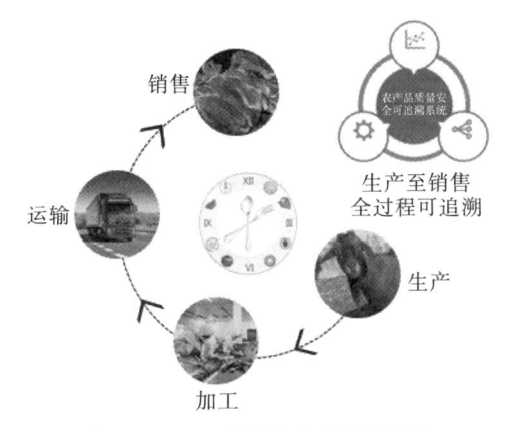

图2.6-26 产业园产业运营步骤

园区主要设计了科普游览、田园农耕和生态康养三条精品旅游线路。科普游览主题一日游活动以科普游览为主题，路线串联起园区内所有展览馆、金银花梯田观赏点和黄羊培育基地，是集娱乐休闲、生态体验、农业科普于一体且用时最短的一条旅游路线，科普游览充分考虑了游客的游玩体验，适合青年群体参与。田园农耕体验二日游活动路线以农耕体验为主题，串联起园区内所有花田观赏、采摘和体验节点，还有丰富的亲水活动和娱乐活动，是园区最有特色的一条旅游路线。路线在设计上充分考虑了游客参与活动的充实感，适合全年龄段群体。以生态康养为主题的线路串联起园区内所有花田观赏、牧羊和体验节点，以康养为主，搭配以温泉、早操等特色活动，是园区最为全面、时间最长的一条旅游路线。

## 3. 销售运营

首先，采取针对性策略，分析受众和目标客源。针对企业群体进行营销的目的是吸引企业参与投资和入驻，可采取体验式营销策略，重点介绍花卉产业项目所具有的投资价值。针对公众群体，重点介绍金银花、黄羊项目，用绿色营销和概念营销的创新组合作为营销策略。

其次，通过产品互补实现资源利用的最大化，同时通过线上、线下联合驱动，形成具有生态价值、社会福利、文化传播、形象建设和经济价值的"羊旅北极"品牌效益，突出以金银花和黄羊为主导的特色产业。

最后，通过策划节庆活动，打造品牌效应。立足于园区的自然条件和金银花、黄羊资源，策划出高水准的旅游节庆活动，旅游旺季时以金银花为主题，打造西南地区知名旅游品牌。坚持旺季更丰富、淡季不淡的理念，同时利用现有节庆活动的影响力，探究下一阶段园区产品的深化和开发，打造更有针对性的系列产品。

4. 项目效益

项目效益包含社会效益、经济效益、文化效益和生态效益。在社会效益方面，通过打造项目基地，稳定乡村社会结构，带动区域相关产业发展，解决康养、养老配套设施缺乏，农村劳动力闲置和人才外流问题，同时健全基础设施建设，提升居民生活质量。在经济效益方面，项目可促进三产融合，使农产品产量大幅提升，经济产值增加，人均收入也得到提高。在文化效益方面，通过打造金银花、黄羊品牌文化，促进高校科研创新发展，宣传当地传统文化及特色文化，促进科技农业落地、发展以及青少年科普教育活动的开展。在生态效益方面，项目不仅可改善生态基底，还可提升园区植物品质，园区的综合生态价值可得到提升，生物栖息地质量可得到改善。

## 2.6.4　湖北省当阳市望城村田园综合体项目

### 2.6.4.1　项目概况

1. 区位条件

当阳市位于湖北省中西部，地处宜荆城市圈，距宜昌市73公里，距武汉市306公里，距襄阳市250公里，距荆州市80公里，处于省内武汉—襄阳—荆门—当阳—宜昌—荆州构成的三国文化精品旅游线上，是鄂西三国文化旅游重镇，也是长江三峡旅游核心区的重要组成部分。

当阳市交通区位优势显著，沮漳两河纵贯境内，连接长江融入长江经济带，是中国经济发展的重心之一。当阳市陆路西通巴蜀，南入荆沙，北至襄阳，四通八达。沪蓉高速与呼北高速在当阳市交汇，西侧呼北高速向北与连霍高速相接。当阳市距三峡机场50公里，距三峡大坝100公里，构筑起多功能、多结构、多层次的水陆空立体交通网络。

当阳市具有浓厚的文化底蕴，这为旅游业的发展提供了有力的保障。当阳市有山水文化，沮河与漳河是当阳境内的两大河流，构成两条风光旅游线。也有与三国文化相关的景点，如麦城遗址、周仓墓、长坂坡遗址、太子桥、糜夫人井等。更有楚文化的遗留，沮漳河流域亦是楚文化的发祥地。同时，当阳市红色旅游资源也很丰富，留存有襄西革命烈士碑、瓦仓起义革命烈士陵园、张自忠将军抗战遗迹、黄林岗英烈纪念碑等。

2. 市场预判

舒雅的田园综合体能满足旅游人群、慢食主义者以及休闲度假的周边居民、体验探索的学生团体、家庭的需要。园区用园艺疗法治愈身心，打造开阔景观为人们提供登高远眺的地点；开发趣味美观的农业景观，让城市人体验农事乐趣，开展特色项目促使人们亲近自然。多元的活动有利于人们释放压力，同时提供有机时蔬，倡导健康饮食。涵盖餐饮、住宿和娱乐的生态康养与包括种植、生产、采摘在内的农事体验的结合，使项目非常具有竞争优势。项目立足于健康生活市场、家庭亲子市场、田园自然休闲市场、深度文化体验市场四大主题市场，可基本实现对追求生态康养体验的客群的全覆盖。

#### 2.6.4.2 总体规划

1. 规划理念

对园区进行产业形象升级，坚持特色主题种植，完善相关设施，开发产业体系，发展良种繁殖、特种繁殖，加强农产品加工与生产有机食品。在此模式的基础上，全面营造园区景观，重塑场地生态景观结构；打造全新IP模式，开启品牌战略第一步；打造世界最长果蔬长廊，申请吉尼斯世界纪录；以农业旅游为引擎产业，发展多元化的延伸产业。将从以下几个方面来打造田园综合体：明确产业定位，营造特色果蔬景观，将果蔬生产与现代科技生活高度融合，倡导健康生活方式，共享健康之旅；推进资源整合，构建城乡一体化田园生活方式，使传统农业与现代农业融合发展；植根地域文化建设核心景区，依托关公文化，整合关公品牌，弘扬关公精神。

通过打造奇趣多彩的故事主线、生态优美的空间场景、健康漫享的游览感受，使之成为"记忆中'有机健康'的乐夫庄园"，成为集农业示范、观光休闲、慢食康养、旅游度假等功能于一身的田园综合体。该项目可实现产业融合、科普教育、历史文化传承、归园田居的模式：以农村田园景观、农业生产活动和特色农产品来满足游客回归自然的心理需求；为游客提供了解农业历史、学习农业技术、增长农业知识、推广健康慢食理念的活动；以科技与人文艺术的表达再现乡土人情、民俗文化等农耕文明，传承历史文化；倡导低碳健康，建立人与自然、城市与农村和谐的生态健康环境。乐夫庄园总平面图如图2.6-27所示。

图2.6-27 乐夫庄园总平面图

2. 规划分区

(1) 主题分区。

项目以"一廊缤纷果蔬，六区联动主题"为设计主线，将"漫栖、漫习、漫品、漫游、漫享"作为主题分区的引导。漫栖，栖于"湖畔星宿"；漫习，在"五彩田野"中精耕细作；漫品，品的是"归园之窗"，在入口广场区就能迅速沉浸；漫游，嗅闻"果韵流芳"，尽享"炫彩花海"；漫享，与"水岸精灵"互动。乐夫庄园主题分区如图2.6－28所示。

图2.6－28　乐夫庄园主题分区

(2) 功能分区。

根据场地各部分的主要功能和特点，将场地分为入口景观区、观光体验区、休闲娱乐区和农业景观区。入口景观区以交通集散和园区形象展示为主，观光体验区以农业体验和乡村生活为主，休闲娱乐区以休闲娱乐和儿童活动为主，农业景观区以传统农业和农业景观为主。由此细分出花田游览区、林间漫步区、果园采摘区、滨水民宿区、娱乐休闲区、花海民宿区和大地艺术区。在这些区域内设置有滨水民宿、花海民宿、移动餐吧、温室采摘、果蔬长廊、大地艺术、旷野童趣等一系列兼具景观性与参与性的活动，在营造农业景观的同时也带给游客丰富有趣的体验感受。乐夫庄园功能分区如图2.6－29所示。

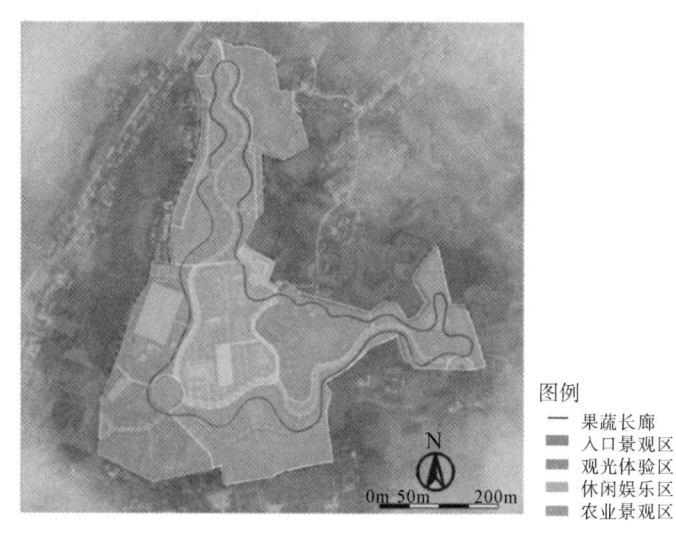

图 2.6－29　乐夫庄园功能分区

### 2.6.4.3　专项设计

**1. 智能温室**

该综合体的产业大棚设计为智能温室，也称作自动化温室，配备有计算机控制的可移动天窗、遮阳系统、保温系统、湿帘风机降温系统、喷滴灌系统、移动苗床等自动化设施。通过传感器实时检测温室中的光照强度、湿度、温度和二氧化碳浓度等，并将其传输到电脑。当数据出现异常时，温室智能系统会发出警报。人们可以通过对监控数据进行分析，再调节温室中的相关指标，使作物始终处在最佳的生长环境中。智能温室设施、设备如图 2.6－30 所示。

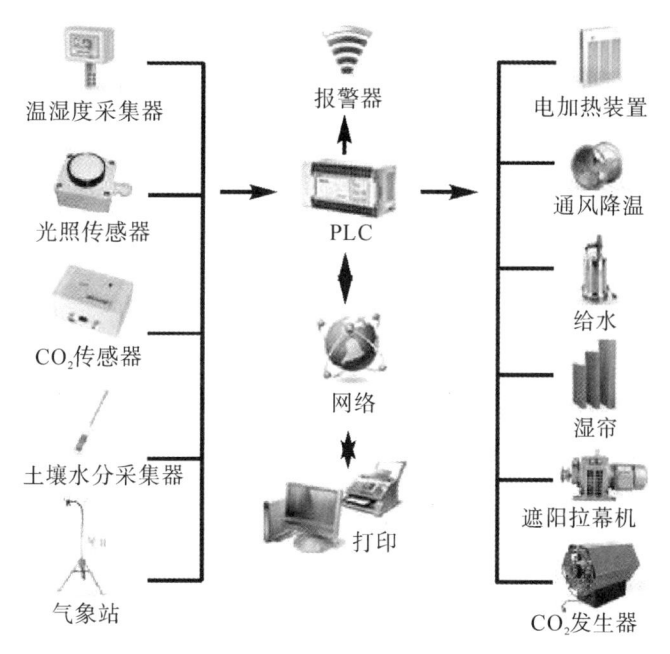

图 2.6－30　**智能温室设施、设备**

## 2. 果蔬长廊

基于省水省工、增产增值的考虑，果蔬长廊灌溉系统采用滴灌模式，将具有一定压力的水过滤后经管网和出水管道或滴头以水滴的形式缓慢而均匀地滴入植物根部附近土壤。灌溉时不打湿叶面，也没有在有效湿润面积以外的土壤表面蒸发，直接减少了蒸发的水分，同时容易控制水量，不产生地面径流和土壤深层渗漏。因此，滴灌比喷灌节水35%～75%。由于株间未供应充足的水分，杂草不易生长，作物根区保持最佳供水状态和供肥状态，既减少了除草用工，又实现了增产增收。

## 3. LOGO与吉祥物设计

乐夫庄园LOGO由麦穗、房屋的剪影、篱笆、一条蜿蜒的曲线以及粉色的圆形组成，大致呈一个圆形，如图2.6-31所示。LOGO右侧的有机麦穗由绿色向金黄色渐变，寓意着麦穗从幼苗到成熟。建筑的剪影代表创意康养民宿，房屋上的篱笆营造漫心、漫享意境。蜿蜒的曲线代表园区内的果蔬采摘长廊，同时又像一片祥云，与粉色的落日构成一幅祥和的图画。粉色的落日寓意着红彤彤的果实和丰收。

图2.6-31 LOGO设计图

乐夫庄园的吉祥物分别命名为健健和康康，呼应项目功能定位主题，如图2.6-32所示。吉祥物的头部由当阳市特色水果（柑橘、荸荠）来进行装饰，在人物配色上通过山水自然配色，呼应项目的田园风光。同时，关羽和赵子龙是当阳著名的历史人物，用两位的形象作为吉祥物，展示当阳人的雄风和信义。

图2.6-32 吉祥物健健（左）、康康（右）

### 2.6.4.4 产业运营

乐夫庄园采用集现代农业、休闲旅游、田园社区为一体的乡村综合发展模式，需要政府主导、农民参与、企业主营，结合可持续发展的理念，实现农旅和城乡融合。

项目包含核心产业、基础产业、引擎产业和衍生产业。园区从食、住、行、游、购、娱六个方面开展活动。"食"包括花语下午茶、果蔬养生餐、百人聚会、品春茶等，"住"包含湖畔野营、星空露营等，"行"有缆车、自行车、房车等，"游"涵盖了秘境幽林、田园水塘、花果雕塑等丰富的景观游赏，"购"可以通过直销、网销、订购买到鲜花、果蔬、有机蔬菜，"娱"有亲子农耕、河畔垂钓、果园采摘、自然课堂、自制插花、写真摄影、稻田音乐会等丰富多彩的互动体验活动。

园区除了有按照空间划分的活动，还有按照时间划分的活动。在这里，游客夜间可以体验星空露营、稻田灯海、湖畔夜钓等活动。此外，根据节日也会打造园区专属的活动项目。园区可依托当地的农业资源、自然资源和历史文化本底，策划出独特的旅游节庆活动。旅游旺季时园区可主打"健康果蔬行"理念，打造湖北省特色旅游品牌。

园区产业结构分布如图 2.6-33 所示。

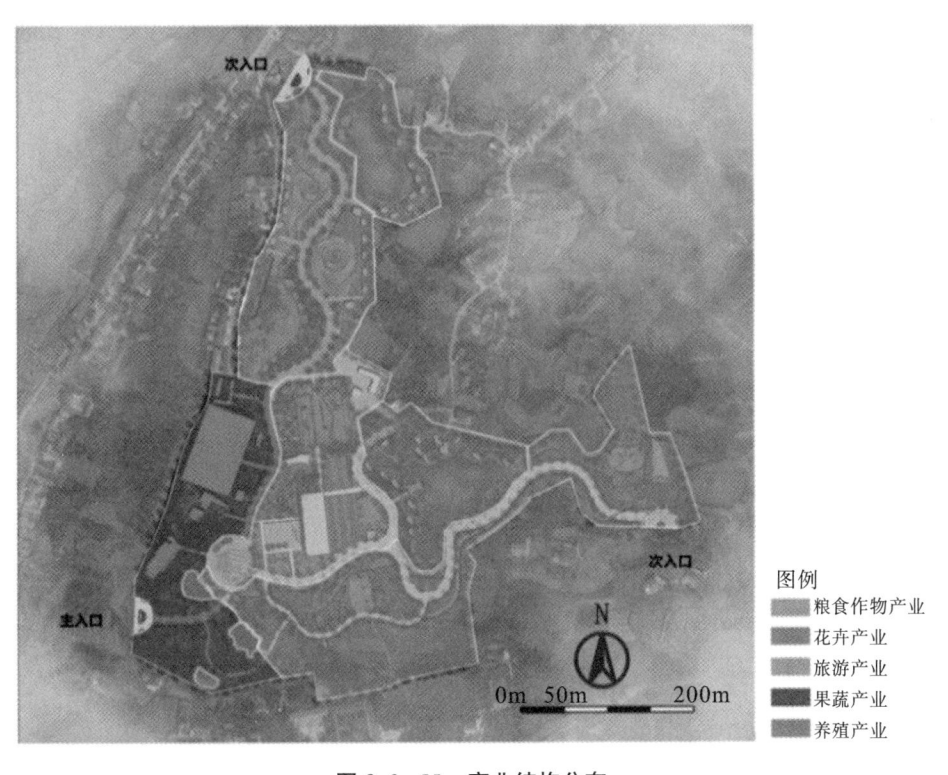

**图 2.6-33 产业结构分布**

# 第3章 乡村生态空间的健康化营造

## 3.1 乡村生态空间概述

### 3.1.1 乡村生态空间的定义

美丽乡村与乡村生态文明建设离不开乡村生态空间的发展。党的十八大报告明确指出，要建设山清水秀的生态空间，要将生态文明建设摆在突出位置。要营造山清水秀的生态空间，首先要明白什么是生态空间，什么是乡村生态空间。一般来说，生态空间的概念有广义和狭义之分。从广义的层面上来说，任何生物维持其自身的生存与繁衍都需要一定的环境条件，一般把处于宏观稳定状态的某物种所需要或占据的环境的总和称为生态空间；从狭义的层面上来说，生态空间是指除建设用地以外的一切自然或人工的植物群落、山林水体及具有绿色潜能的空间等系列生态用地。中共中央办公厅、国务院办公厅于2017年2月7日印发的《关于划定并严守生态保护红线的若干意见》明确规定，生态空间是指具有自然属性、以提供生态服务或生态产品为主体功能的国土空间，包括森林、草原、湿地、河流、湖泊、滩涂、岸线、海洋、荒地、荒漠、戈壁、冰川、高山冻原、无居民海岛等[1]。

关于生态空间，目前国内有几种观点：一是认为生态空间是以提供生态系统服务为主的用地类型所占有的空间[2]；二是认为生态空间是指土壤、水体、动植物等自然因子的空间载体[3]；三是认为生态空间包含动植物栖息的自然生态空间与人类生产生活的社会生态空间，生产生活空间都具备一定的生态服务功能，同时自然生态空间也具有服务人类生产生活的潜能[4]。基于以上观点，本书将乡村生态空间界定为在乡村范围内，具有一定的自然属性，以提供生态保育、生态服务或生态产品为主要功能，维持生态系统的平衡稳定，对环境保护具有显著价值的空间范围，包括自然或半自然的植被、水体及土壤所占据的空间。

---

[1] 中共中央办公厅，国务院办公厅. 关于划定并严守生态保护红线的若干意见［EB/OL］.（2017-02-07）［2022-03-25］. http://www.gov.cn/zhengce/2017-02/07/content_5166291.htm.

[2] 詹运洲，李艳. 特大城市城乡生态空间规划方法及实施机制思考［J］. 城市规划学刊，2011（2）：49-57.

[3] 何梅. 特大城市生态空间体系规划与管控研究［M］. 北京：中国建筑工业出版社，2010.

[4] 王如松，李锋，韩宝龙，等. 城市复合生态及生态空间管理［J］. 生态学报，2014（1）：1-11.

## 3.1.2 乡村生态空间的区分

乡村生态空间的划分需要兼顾属性和功能。乡村生态空间包括自然山体、部分林地、陆地水域、湿地、其他自然保留或未利用地等类型，这些空间区域对维持生态系统稳定性与完整性具有重要作用。其在景观生态格局中表现为丰富的生态斑块与生态廊道空间，在具体的形式上表现为乡村内部及其周边的公益林、河流湖泊、滩涂、湿地以及未开发的乡村荒地等自然空间。同时，我们将农业用地中涉及生态功能的空间列为农业生态空间。

## 3.1.3 乡村生态空间的组成

根据其组成要素的不同，乡村生态空间可分为林地生态空间、水域生态空间和农业生态空间三大类。

### 3.1.3.1 林地生态空间

林地生态空间（图3.1-1）主要指极少受到人为干预且具有显著生态防护功能的乔木林地、灌木林地、疏林地以及以草本植物为主的植物群落等自然植被空间。林地生态空间可分为山丘型林地和平地型林地两种类型。山丘型林地多位于山坡或丘陵地带，具有护坡、防治水土流失、防风固沙、调节气候、为生物创造不同生境的作用；平地型林地多位于地形平坦的地区，具有防风固沙、为生物提供生境、涵养水源、调节气候等作用。

图3.1-1 林地生态空间

#### 3.1.3.2 水域生态空间

水域生态空间（图3.1-2）是以天然水体为基础所形成的天然水系空间，既包括河流、湖泊等水体本身所存在的空间，也包括与水域生态相关的滩涂、湿地、驳岸、植被、水生植物等自然要素。乡村地区的河流空间是经自然演化形成的水系空间，在一定范围内为动植物提供生存所必需的水环境，具有通道功能、栖息功能和过滤功能，还为人们日常的生活和生产提供充足的水资源。乡村地区的池塘、湖泊等水域空间则是由地形地势形成的可蓄水的洼地空间组成，其生态功能主要是调蓄水源和为生物提供良好的生存环境。

图3.1-2 水域生态空间

#### 3.1.3.3 农业生态空间

农业生态空间（图3.1-3）又称生产生态空间，是以发挥土地生产功能为主，兼具生态功能的用地空间。此类空间通过生产活动将自然资源转换为人类生活所需的物质，对维持乡村生态系统的平衡稳定起着重要作用。农业生态空间主要包括耕地等农用地和养殖水域。将农用地和养殖水域纳入生态空间进行科学合理的营造和管理，其目的是通过对农业生产空间的研究，提供生态的生产服务，协调农业生产和生态保护之间的矛盾，解决水土流失、土壤质量下降、耕地退化、农药化肥污染等问题。

第3章 乡村生态空间的健康化营造

图 3.1-3 农业生态空间

## 3.2 乡村生态空间现状

### 3.2.1 国内外乡村生态空间研究现状

乡村生态空间的建设是生态建设的重要组成部分，对保护自然环境、改善生态状况、实现人类的可持续发展具有重要作用，因此国内外学者从各个角度对乡村生态建设展开了广泛研究。虽然由于发展状况不同，国内外学者在研究内容和研究方向上存在一定的区别，但研究目的都是为实现生态环境的可持续发展提供理论支撑。

#### 3.2.1.1 国外乡村生态空间研究现状

国外对乡村生态空间的研究源自"生态村"概念的提出。在"生态村"研究领域，一般认为丹麦学者罗伯特·吉尔曼是先行者，他在《生态村及可持续的社会》中第一次提出了"生态村"的概念，指出"生态村"是以人类为衡量尺度，把人类的活动结合到以不损坏自然环境为特色的居住地中，支持健康的开发利用资源及能持续发展到未知的未来。在具体实践中，各个国家的做法各不相同，但都是为了支持乡村的可持续发展：瑞典斯科尔镇泰格莱特村通过义务劳动和公共设施的建设，使村民们参与其中，着重于培养当地村民的生态意识；德国汉堡的巴姆费尔德村将太阳能发电作为全村主要的电来源，同时村内通过在住宅屋檐上安装雨水收集装置，将雨水充分收集利用，以达到节约水资源的目的；美国北卡罗来纳州爱斯俄文化村始终遵循生态规律来进行乡村建设，倡导在生产过程中使用低碳、科学的播种方式，避免对土地造成破坏，同时提升农产品质量[①]。

国外另一热点研究是农村生态建设的主体研究。国外大部分专家及学者认为在乡村生态建设过程中，应该充分发挥政府的主导作用。国外有学者认为乡村生态文明建设离不开政府的主导，只有得到切实可行的政策支持，才能高效合理地运用科学技术建设新乡村，促进乡村资源的合理利用。如果政府只注重政绩，对乡村的发展没有进行明确的规划，有可能导致乡村生态环境的破坏，造成严重的环境问题。

除此以外，国外学者在用地布局生态化方面，借助ArcGIS、RS、GPS等技术，从自然地理的研究入手，注重乡村的生态规划，提出了生态基础设施、生态廊道、生态网络等一系列理论。20世纪90年代以后，景观生态学的发展使生态空间理论研究更加完善，国外学者也开始依托景观生态学的理论对滨水空间以及绿地空间的生态化设计进行深入研究。

#### 3.2.1.2 国内乡村生态空间研究现状

生态环境问题越来越受到人们的重视，生态修复方面的理论研究日益深入，国内学者也相继提出了各种生态规划理念，指导生态空间的建设，促进生态空间的保护和受损生态空间的修复。如钱学森先生提出了"山水城市"的构想，倡导自然与人文的和谐统一，追求山水环绕的生态环境；俞孔坚先生提出了"反规划"思想，认为规划时需要从生态保护的角度出发应对城市的快速扩张。在生态空间的优化研究方面，洪惠坤认为建设山清水秀的乡村生态空间需要优先保护乡村生态环境，以此来恢复乡村生态功能，重新构建科学绿色的乡村生态格局[②]；朱媛媛等认为应构建法律保障体系，明确生态补偿规则，优化生态空间格局，严保生态红线[③]；马洋洋认为在生态建设过程中要严守生态红线，退耕还林还草，建立绿色生态屏障，增强生态空间的生态调节功能和生态维护功能[④]。

同时，我国的生态农业建设也开启了我国的乡村生态建设之路。我国的乡村生态建设研究从生态农业、生态工程等方面展开。翁伯奇等提出"生态农村"的理念[⑤]。马世骏以生态学原则和生态工程理论指导农业发展和农村建设，探寻乡村建设生态化的措施和策略[⑥]。成升魁等认为，新时期生态农业的发展是在可持续发展战略的指导下，将生态农村作为最终目标来进行建设[⑦]。

总的来说，生态环境问题日益严峻，农村改革不断推进，乡村生态文明建设研究被

---

① 孔铭鹭. 社会主义新农村的生态文明建设研究 [D]. 大连：辽宁师范大学，2014.
② 洪惠坤. "三生"功能协调下的重庆市乡村空间优化研究 [D]. 重庆：西南大学，2016.
③ 朱媛媛，余斌，曾菊新，等. 国家限制开发区"生产—生活—生态"空间的优化——以湖北省五峰县为例 [J]. 经济地理，2015，35（4）：26-32.
④ 马洋洋. 普格县"三生"空间优化研究 [D]. 成都：四川师范大学，2017.
⑤ 翁伯奇，黄勤楼，陈金波. 持续农业的新发展——生态农村的建设 [J]. 云南环境科学，2000（S1）：99-103.
⑥ 马世骏. 运用生态学原则建农村——实现农村建设生态化 [J]. 农村生态环境，1985（1）：2-5，70.
⑦ 成升魁，闵庆文，谢高地，等. 生态农村——中国生态农业发展的新思维 [J]. 资源科学，2003，25（1）：94-95.

摆在了突出位置。国内学者从不同角度分析了乡村生态文明建设过程中存在的问题，探寻这些问题形成的原因，并尝试从不同维度和方向寻找乡村生态文明建设的路径，提出建设乡村生态文明的策略。

通过对我国乡村生态空间子空间的研究，研究者得出了以下结论。

1. 水域空间生态化

我国乡村地区河湖众多，水岸类型丰富。乡村地区的水域空间生态化主要体现在水岸生态化上，即通过对水岸空间生态环境的营造，实现水域空间的生态化。目前，我国的农村水域水岸大多采用自然驳岸，即以保留原生植被为主，用来发挥维护生态的作用。乡村水域生态空间大多利用自然植被，结合生物技术与工程技术，效仿自然生态系统打造优美的自然驳岸景观，实现水岸生态化。在水岸树种的选择上，大多考虑了植被色彩的搭配和季节等因素，营造出乡村独有的四季景观和不同的水岸效果。

2. 林地空间生态化

乡村地区林地空间的生态化对维持植物群落的稳定性与多样性具有重要意义。林地空间生态化极大地降低了外来干扰因素以及人为因素给植物群落带来的不良影响。现阶段，我国乡村林地生态空间在植物群落的物种选择上多采用物种组成的分析方法，通过对当地乡村林地植物群落中的各种植物进行测算，得到群落的基本组成成分，再结合群落多样性进行分析，确定最接近原生态植物群落的物种构成，以此为依据营造乡村林地生态空间。同时，以自然的生态林地植物群落为蓝本，模拟其组成和结构进行人工培植，形成适合当地自然环境的生态植物景观。

3. 农业空间生态化

现阶段，我国农业空间生态化主要表现在两个方面。一是传统农业发展路径的生态化，即以循环发展为基础，通过轮作等方法，保证地力常新。通过长期在农业生产中积累的经验，我国乡村地区很多都形成了适合自身发展状况的传统农业生态系统。这些传统农业生态系统以生物间互生互养的原理为基础，促进物质与能量在系统内循环利用，并充分利用系统内的各种资源，减少对周边环境的污染和资源的浪费，保证农业空间的生态发展，维持农业空间的生态平衡。二是现代农业发展路径的生态化。随着科学技术的不断进步，现代农业在提高生产率的同时也带来了严重的环境污染问题。因此，我国的现代农业正在不断探索更加生态的发展模式，诞生了循环农业、低碳农业、绿色农业等农业模式，逐步实现由传统农业向生态农业的转变。

## 3.2.2 我国乡村生态空间存在的主要问题

在较早时期，人们对生态环境的保护不够重视，大规模的开发建设给乡村生态环境造成了严重的污染和破坏。过度的旅游活动对原有植被和物种造成了破坏，盲目开发建设所带来的废气、废水、废渣和噪声污染以及对生态用地、农林用地的占用，导致乡村生物多样性减少，乡村生态环境受到污染，乡村生态空间遭到破坏。

### 3.2.2.1 乡村生态功能弱化

由于城镇空间不断地向外扩张，迫使乡村空间不断地向生态敏感区转移，导致自然生态环境遭到进一步的破坏。位于城镇周边的乡村大多以耕地为主，其自身的生态稳定性较差，而乡村周边的湖泊水系通常缺乏有效的治理与保护，整个生态系统一旦遭到外力的干扰，很容易导致局部生态环境在短时间内迅速被破坏，并逐步蔓延至整个生态系统，造成整个生态系统自我调节能力的下降，且难以进行自我修复。现阶段，乡村生态空间的生态功能不断遭到削弱，主要表现在面积、质量以及生物多样性三个方面。

1. 乡村生态空间被压缩

近年来，随着村镇建设及旅游业不断发展，乡村生态空间不断被压缩，越来越多的建设用地导致生态空间所起到的生态功能被削弱。

2. 乡村生态空间质量下降

随着人们生活水平的提高，各种生活垃圾、工业"三废"、旅游活动所带来的环境污染给乡村生态空间造成了不同程度的干扰与破坏，导致乡村生态空间质量明显下降，生态系统稳定性降低。一部分已经遭到破坏却没有进行修复的生态空间还会对周边生态环境造成持续伤害和潜在威胁。

（1）空气污染。

随着城镇化进程的加快，乡村逐渐向城镇转化，自然环境与生态空间逐渐变为建设用地。原本完整的绿地生态系统遭到分割，自然生态空间的结构与功能都遭到不同程度的破坏，也就导致支持物质良性循环的植被、湿地等生态系统的碳汇能力被不断弱化。这种高排放与低碳汇之间的矛盾也就导致空气中的二氧化碳含量明显增多，空气质量逐渐降低。

（2）土壤污染。

在乡村发展过程中，部分地区由于过度砍伐树木、开采石材，严重破坏了当地的土壤结构，对生态环境造成了巨大的负面影响。同时，乡村工业对生态环境造成的破坏依然不可忽视，即便有些地区乡村工业已经逐步退出历史舞台，但其所遗留的土地污染仍在持续产生危害。除此之外，在农业活动中大量施用有机化肥、农药的行为更是严重破坏了土壤结构，打破了土壤中的物质平衡，导致土壤营养流失，逐渐贫瘠化。

（3）水质污染。

部分临河的村庄由于缺少污水处理设施，生活污水得不到及时的处理和净化就被直接排入河中，给河流水质带来了严重的污染。同时，河道两岸的生活垃圾所带来的污染也严重影响了河流水质和沿岸景观。除此之外，沿河道进行的农业种植和家禽养殖活动也对河流水质造成了不同程度的污染，如农业种植过程中所施用的化肥和农药的残留物随着地表径流一同流入河中，导致河流水质遭到污染；沿河圈养的畜禽所产生的粪便、残余的饲料被直接排入邻近的河流中，对河流水质造成了污染，严重时甚至造成水体富营养化，对河流及河流周边生态环境造成了严重危害。

3. 乡村生物多样性下降

由于人类活动的干扰和对生态环境的破坏，许多野生生物长期以来所适应的生存环境发生了巨大变化，导致野生生物种类和数量急剧减少，生物多样性逐年下降，生态空间的整体结构和功能都受到一定的损害。

### 3.2.2.2 乡村生态空间缺乏合理规划

我国乡村众多，且村落在布局上较为零散，这导致乡村的规划受到一定程度的限制。同时，在乡村建设过程中，人们普通注重住房、供电等生活条件的改善和基础设施的建设，造成乡村的产业、生态建设缺乏统一合理的规划。乡村生态空间缺乏合理规划具体表现在以下四个方面。

**1. 乡村规划建设与生态保护的失衡**

乡村规划建设与生态保护的失衡体现在乡村建设在实现经济快速发展的过程中忽视了对生态环境的保护，乡村建设用地逐步侵占了原有的生态空间，造成对生态环境的破坏。在当今强调生态文明建设的背景下，应当摒弃"先发展后保护"的旧思维，转向"边发展边保护"的新思维，保持经济发展与生态建设同步，营造生态宜居的乡村生活环境。

**2. 乡村生态建设效益低下**

我国乡村地区拥有复杂且多样的地形条件，我们应顺应当地地形而开展形式各异的乡村生态建设活动。但相当数量的乡村在规划布局时未能充分考虑周边的生态要素，甚至在建设过程中对生态斑块进行过多的人为干扰，使其生态效益大幅降低，生态斑块遭到严重破坏。在中国早期的乡村建设中，部分乡村填湖毁林，虽然村庄规模得到了一定的扩大，但乡村原有的河流水系、农田、具有地方特色和生态价值的自然植被甚至天然的地形地势都遭到了不同程度的破坏。许多天然的自然生态景观不但没有得到合理的挖掘和利用，反而遭到了严重的破坏，被各种生硬的现代硬质景观、硬质广场取代，乡村生态环境的活力与生态效益均被降低，严重影响到乡村的生态结构。

早期的乡村建设过程中往往忽略了乡土材料和乡土植被的使用，乡村空间中无论是硬质材料还是植物材料的使用都效仿城市建设，失去了乡村原本简单朴素的自然面貌，乡土植被也逐渐被外来物种替代。同时，乡村绿化模式愈发单一、外来植物大量引入等不可忽视的问题都制约着乡村生态建设，"千村一面"的现象越来越严重，乡土气息遭受严重破坏，生态系统的多样性也受到威胁。

**3. 交通干线沿线生态空间凌乱**

交通干线（如高速公路、城镇道路等）的建设改变了原始环境的各种组成要素，可能会造成山体滑坡、河道阻挡、植被破坏等生态环境问题，导致交通干线周边生态环境的稳定性下降。若各个生境之间缺乏联系，无法形成生态化的网络体系，就无法发挥最大的生态效益，间接影响了生物的迁徙、繁殖，使生物多样性面临威胁。

**4. 低端现代农业布局凌乱**

部分乡村出现了大量低端现代农业布局凌乱的现象，大棚等农业设施散乱布置于道路两侧，导致斑块、廊道的布局混乱，缺乏规划，严重影响了沿线地区的生态环境。部分农业园区在开发与建设过程中过分追求人工改造，而忽略了对自然环境的利用。在开发与建设过程中目标不明确，缺乏特色，导致园区内容单一，不利于生态环境的总体布局。同时，村庄杂乱堆放的生活垃圾与零星分布的菜地也严重破坏了乡村生态空间的连续性和景观质量。

### 3.2.3 乡村生态空间研究展望

随着我国城镇化进程的加快，加强乡村生态文明建设刻不容缓。对乡村生态空间的研究，不仅能支持乡村生态的可持续发展，更能带动乡村绿色经济增长，营造健康宜居的生活空间。未来乡村生态空间的研究势必与国家公园建设、乡村生态旅游规划和农业生态化相结合，从国土空间规划的层面、生态导向下的乡村建设层面和生态化的农业生产层面来探索乡村生态文明建设的路径和策略。再结合水域生态、林地生态、农业生态三个方面，因地制宜地构建中国特色乡村生态空间，加强对自然生态空间的整体保护，修复和改善乡村生态环境，提升生态功能和服务价值，为建设美丽乡村、实现乡村振兴打下坚实的基础。

### 3.2.4 乡村生态空间未来的发展方向

我们可以不断优化生态修复技术，增强生态功能和生态效益，增加与乡村生活空间、乡村生产空间之间的联系，来解决乡村生态空间目前存在的问题。随着人们对生产、生活和生态三类功能空间的需求不断增加，在空间总量一定的情况下，我们应打造兼具多种功能的复合型生态空间，在有限的乡村空间中，同时满足多方面的需求。

## 3.3 公共健康导向下的乡村生态空间营造原则

### 3.3.1 发挥基底—斑块—廊道的生态效益，形成网络空间

乡村生态空间由不同基底—斑块—廊道组成，不同类型的斑块和廊道发挥着不同的生态效益。在对乡村生态空间进行营造时必须充分发挥基底—斑块—廊道的生态效益，将保护自然资源和维护生态平衡放在首位，构建和谐的生态网络体系，优化乡村生态格局。

### 3.3.2 发挥生态空间自我做功能力，丰富物种多样性

乡村生态空间是乡村生态系统稳定与完整的保障，在乡村生态空间格局中表现为完整的生态基底、丰富的生态斑块与生态廊道空间。乡村生态空间中生态要素和用地类型丰富多样，不同斑块的相互连接构建了丰富多样的生物生境空间。营造生态空间时要通过构建基底—斑块—廊道模型，发挥生态空间自我做功能力，顺应自然的生态规律，减少人工对自然生态规律的干预。降低人工建设对自然环境造成的破坏和对生态空间资源的掠夺，维持生态空间的生物多样性，提高生态环境质量，使植物生境和动物栖息地的质量维持在较高水平，有助于营造健康的乡村环境以及生态空间。

## 3.3.3 凸显乡土文化特色，因地制宜发挥空间特征

我国地域辽阔，乡村面积广大，不同地域的乡村空间有不同的人文特征和不同的生态特征。我们在构建乡村生态空间时，必须对具有不同特征的空间采取特定的方式进行营造。我们可以充分利用当地独特的生态资源和生态环境，挖掘当地具体的景观地域特征和生态内涵，尊重原有地形地貌以及当地人的生活方式，尽可能使用乡土材料和乡土植物，发挥当地特有的自然与人文优势，凸显乡土文化。这样才能区别于城市，打造出富有变化和内涵的乡村生态空间。

## 3.3.4 "三生空间"多元复合，走可持续发展道路

在美丽乡村视角下营造健康的乡村生态空间，我们不是简单地满足当地乡村的生态功能和维护当地物种的多样性，而是需要通过多个角度构建一个多功能的生态空间，在不破坏生态空间、努力保障生态环境和生态平衡的前提下，促进空间多元复合，进而推动乡村发展。在整个过程中需要考虑乡村发展的可持续性，探寻振兴乡村、实现乡村生态宜居的根本途径。因此，实现生态资源的可持续利用和对生态环境的改善，让村民意识到生态空间的存在，才是乡村永续发展的前提。从源头上改善当地的生态环境质量和状况，让乡村具有更强劲的发展潜力和生命力，才能真正做到乡村生态空间的可持续发展。

# 3.4 公共健康导向下的乡村生态空间营造策略

## 3.4.1 生态规划视域下的乡村生态空间健康化营造

21世纪以来，随着我国经济的高速发展，越来越多的乡村开始向着城镇化的方向发展，在对乡村空间造成了巨大冲击的同时，也对乡村的自然生态环境和人居环境造成了破坏。虽然在乡村振兴战略的指导下，全国各地相继建成了一批美丽宜居新乡村，但由于我国乡村具有数量多、面积广的特点，一些美丽乡村建设侧重于对乡村道路、住房与基础设施的建设，而忽视了对乡村地区生态环境的合理规划与保护，在建设用地和生态用地之间缺少明确的边界限定，同时在总体规划的编制过程中也没有重视对乡村生态空间的规划与建设，导致部分乡村在建设过程中采取了不科学的建设方法，对乡村的生态环境造成了一定程度的破坏。

随着我国乡村生态文明建设的提出，乡村生态环境保护和山清水秀新乡村建设越来越受到人们的重视，乡村生态空间规划也就变得越来越重要。如何对乡村生态空间进行合理的规划，并提出明确的乡村生态规划方案，最终实现乡村的可持续发展，成为建设美丽乡村的重要工作之一。因此，乡村景观规划就是要合理安排乡村土地和土地上的物质和空间来为人们创造高效、安全、健康、舒适、优美的环境，为社会创造一个可持续

发展的乡村生态系统，其核心便是乡村生态规划与设计[①]。

#### 3.4.1.1 乡村生态规划的模式

1. 集中与分散相结合的模式

集中与分散相结合的模式是美国景观生态学家福曼教授基于生态空间理论提出的景观生态规划的格局，解决了"在景观中，什么是土地利用最合适的安排"[②]这一问题。集中与分散相结合的模式在空间布局上维护了大型自然植被斑块的完整性，便于其更好地发挥生态功能，成为维持生物多样性的关键，而小型自然植被斑块渗入人类活动区域中，这样既可保证生态景观整体的完整性，又可增加局部的多样性，也可实现对生物多样性的保护。这种规划模式常用于欧美的乡村地区，通过各类斑块大集中、小分散的布局，形成了集中与分散相结合的空间结构。其中大型植被斑块成为完整的生态屏障，而小型自然植被斑块可作为避灾避难的场所，同时廊道保证了物种的迁移扩散以及物质和能量的流动，充分利用景观异质性来进行生态保护，既维持了生物多样性，又丰富了景观。

2. 生态网络模式

生态网络模式是基于岛屿生物地理学理论而形成的规划模式。乡村地区自然生境由于受到人类活动的影响而逐渐趋于破碎，并由此形成了众多大小不一的自然生境，这些大小不一的自然生境也被称为陆地岛屿。这些自然生境被割裂开来，物种难以进行迁移扩散，长久以后将会导致一些生物的灭绝。生态网络模式就是把被割裂、分离的陆地岛屿连通起来，形成完整的网状结构，解决物种迁移扩散的问题，对维持生物多样性具有重要意义。生态网络通常由核心区、自然开发区和连接区三大区域组成[③]。对具有较高生态价值的核心区，需要划定明确的生态红线，进行严格的控制与保护。对自然开发区则需要平衡生态保护与经济发展之间的关系，在维持生态系统稳定、保护生态环境的条件下，进行科学合理的开发。连接区则是维持和促进核心区之间物种迁移扩散的区域，让能够起到过滤、阻隔等生态功能的生态廊道直接连接核心区。在具体实践中，连接区可与河流、湿地、林地、乡村道路结合，形成生态廊道，还可利用小溪、沟渠等构建小型廊道进一步完善网状结构。在规划廊道时，需要明确其功能，并深入分析廊道与周围斑块、基质之间的生态关系，在此基础上形成科学合理的生态网络结构。

#### 3.4.1.2 乡村生态规划的内容

乡村生态规划在内容上需要包含区域层次的乡村生态规划、村域层次的乡村生态规划和自然村层次的乡村生态规划，实现乡村生态规划全覆盖。

区域层次的乡村生态规划重点是控制与保护区域生态环境，通常在县或镇的总体规划中提出了明确的要求。因此，区域层次的乡村生态规划需要服从于上位规划，

---

[①] 刘黎明. 乡村景观规划的发展历史及其在我国的发展前景[J]. 农村生态环境，2001，17(1)：52-55.
[②] 陈波，包志毅. 土地利用的优化格局——Forman 教授的景观规划思想[J]. 规划师，2004，20(7)：66-67.
[③] 包志毅，陈波. 乡村可持续性土地利用景观生态规划的几种模式[J]. 浙江大学学报（农业与生命科学版），2004，30(1)：57-62.

充分研究上位规划中所涉及的生态规划内容，落实上位规划中所提出的生态要求。我国乡村面积广阔，涵盖多种生态要素，可形成相对完整的生态格局，因此村域层次的乡村生态规划需要对村域范围内各地块的生态适宜性、敏感性进行评估，同时对斑块、廊道和基质这三类生态要素提出具体的保护要求和修复措施，构建适宜的乡村生态格局[1]。而在自然村这一层次上，受空间中生态要素自身规模和内容的限制，已无法形成完整的生态格局，因此在进行乡村生态规划时，需要在满足上位规划要求的前提下，结合生活生产空间和景观要素进行更加具体的规划设计，主要包含人居环境、生态环境、生态设施和生态产业四个方面，将生态空间的营造渗透进乡村的每一个角落。

### 3.4.2 景观生态学视角下的乡村生态空间健康化营造

景观生态学是研究在一个相当大的区域内，由许多不同生态系统组成的整体的空间结构、相互作用、协调功能及动态变化的一门学科。景观生态学理论是在生态系统理论的基础上，对生态系统的等级结构、空间异质性、时间和空间尺度效应、干扰作用、人类对景观的影响以及景观管理进行深入研究，为维持生态系统的稳定性与物种多样性、提高土地利用效率和优化景观生态格局提供理论支撑，主要研究较大的空间和时间尺度上生态系统的空间格局和生态过程。景观生态学将构成景观的所有元素都作为变量与目标进行研究，通过合理的空间布局，采用"斑块—廊道—基质"这一模式，使景观生态系统的结构和功能整体上达到最优[2]。在景观生态学视角下，以景观生态学理论为基础，通过建设高效的人工生态系统，保护集中分布的农田斑块，维持其完整性，同时控制建筑斑块的规模，防止其盲目扩张，侵蚀自然生态斑块，以此来建设生态宜居的人居环境，并在此基础上重建植被斑块，因地制宜地增加绿色廊道和分散的生态斑块，恢复与补偿景观的生态功能[3]，重新塑造与自然生态相适应的景观结构，营造科学合理的乡村生态空间景观。

#### 3.4.2.1 保护生态基质景观

生态基质是景观的本底，是景观中面积最大、连接度最好、对景观控制力最强的景观要素[4]。生态基质通常是整个区域内生态特征最具代表性、生态价值最高的地区，保护好生态基质，也就保护好了整个乡村生态系统的"骨架"。乡村生态空间中的生态基质以自然林地或者农田为主，但在乡村发展建设过程中，往往只重视经济产业与生活空间的布局，而忽略了生态基质潜在的生态价值，导致基质的连接度与完整性受到干扰甚至被割裂，破坏了乡村的生态底色。因此，以生态建设为核心的乡村建设需要明确生态空间的限制边界，维持整个生态基质的连接性与完整性，保护生态基质，让所有的经济

---

[1] 丁蕾，陈思南. 基于美丽乡村建设的乡村生态规划设计思考[J]. 江苏城市规划，2016，12（10）：32–37.
[2] 黄春华，王玮. 中国生态型乡村景观规划的理论与模式初探[J]. 福建建筑，2010，12（4）：4–6.
[3] 肖笃宁. 持续农业与农村生态建设[J]. 世界科技研究与发展，1999，6（2）：50–52.
[4] 傅伯杰. 景观多样性分析及其制图研究[J]. 生态学报，1995，24（4）：345–350.

建设都不能超出界限、破坏乡村的生态底色。

### 3.4.2.2 加强生态廊道建设

生态廊道是在生态环境中呈线性或带状布局、能够连接空间分布上较为孤立和分散的生态景观单元的景观生态系统的空间类型[①]。在乡村景观生态建设中，生态廊道对生态系统的保护发挥着重要作用，不仅有利于保护乡村生态环境，还有利于发挥防洪减灾功能，避免乡村生态格局遭到破坏，维护乡村生态格局的完整性。生态廊道的建立可以将被割裂的生态斑块有效地串联在一起，是解决人类活动所导致的景观破碎化和一系列环境问题的重要手段。通过道路廊道以及河流廊道的建设，可以充分发挥生态廊道的栖所、通道、过滤等生态功能，以此来保护生物多样性，缓解因人类生产生活给环境带来的污染问题，维持生态系统的稳定与平衡。同时，还可以充分利用生态廊道的美学功能，打造绿色健康的生态景观。以下从河流廊道和道路廊道两个方面进行具体阐述。

1. 河流廊道

乡村地区水系众多，河流也就成为乡村景观中不可缺少的元素，也是乡村生态系统的重要组成部分。许多乡村出于安全性与实用性的考虑，对河流及其周边环境进行了改造，因此对河流廊道这一生态空间的优化与建设主要体现在河流断面和驳岸两方面。

对于河流断面而言，我们可以根据不同的水位配以不同的水生植物，水生植物群落的配置既起到了涵养水源、净化水质、防洪减灾的生态功能，也满足了美化环境的需求。对于驳岸而言，我们大多采用生态驳岸的做法，而生态驳岸包括自然生态河岸和人工生态驳岸。自然生态河岸是对已有的自然岸线进行适当的调整与优化，增强河岸空间的生态性以及河流水域的自净能力，同时为野生生物提供栖息场所，保护生物多样性；而人工生态驳岸是在无法维持原有自然岸线的情况下，选择以人工驳岸的形式来稳固岸线，大多使用生态混凝土等材料，模拟自然生态环境，营造相对自然的水域生态空间。生态驳岸有助于构建水域生态空间，维持水域空间的生态效益，对河流水文、自然环境和生物多样性的保护具有积极作用。

2. 道路廊道

道路廊道的规划布局要尽可能地保持乡村生态景观的连续性，避免将完整的生境空间割裂，导致生态空间碎片化[②]。在道路廊道的生态景观营造上尽量选用乡土树种与乡土植物，并与廊道所连接的斑块之间保持一定的联系，提升廊道的生态效益。

### 3.4.2.3 发挥生态斑块功能

生态斑块是景观格局的基本组成单元，是与周边环境不同、相对均质的空间实体。乡村生态景观大多以斑块的形式呈现，而在景观生态学中，斑块与物种之间有着紧密的联系，反映着物种的多样性以及物种的稳定性与迁移特点，斑块的大小、形状都会对乡村生态景观的生态效果造成影响。在乡村生态建设过程中要充分发挥斑块的生态作用，

---

① 瞿跃辉，李志华，陈光辉，等. 湖南省生态廊道体系构建 [J]. 湖南林业科技，2020，47（2）：129-134.

② 孙一卉. 生态文明视阈下的乡村旅游景观规划设计研究 [D]. 杭州：浙江农林大学，2013.

在保持斑块相对均匀的前提下与生态廊道的建设结合，利用生态廊道将各个斑块串联起来，形成斑块网络，维持乡村生态系统的稳定。

### 3.4.3 生态农业理念下的乡村生态空间健康化营造

目前，我国城镇居民更加注重对精神层次的需求，希望走进自然、回归乡村，追求健康的生活方式。为了适应市场需求，传统农业生产模式逐步向生态农业、观光农业等生产模式转变，逐步将生态化的发展理念贯彻于现代农业的发展之中。生态化农业是建立在生态学、生物学原理和生物及其群落特征的基础上的农业生态系统，形成农业生产在时间上、空间上和功能上的复合结构，确保农业生产的经济效益与生态效益。大部分现代农业生产模式在一定程度上改变了传统农业的景观效果与生态环境，这也是乡村农业生态空间的直接表现。

生态农业是参考生态学和经济学的原理，通过科学技术手段，在传统农业的基础上建立起来的新型农业。它是把农业生产发展、农村经济增长和生态环境治理、资源培育和高效利用融为一体的新型综合农业体系，通过合理利用乡村资源，实现经济效益、生态效益和社会效益的有效统一。其内涵强调和谐发展的理念，将农业的发展和我国生态资源的保护两者实现统筹兼顾、和谐共存，在农业生产过程中因地制宜，充分保护当地的生态环境，促进农业的可持续发展[1]。生态农业不仅可以给人类提供安全可靠的绿色食品，还能保护乡村农业生产区域的生态环境，提供绿色安全的农业生产环境，同时起到节约自然资源、维持生态平衡的作用，使乡村更加美丽宜居。在营造乡村生态空间时，应坚持人与自然和谐共处的营造模式，实现生态农业的可持续发展。

近年来逐渐发展起来的生态农业，既继承了传统农业的优良成果，又吸收了现代农业的先进技术，是当代农业发展的新方向和实现农业现代化的理想模式[2]，在构建乡村农业生态空间时，要充分发挥其生态服务功能。

生态农业强调对农田的保护，在种植农作物时以有机肥替代传统的农药和化肥，在防治病虫害时采用生态手段，减少农药给农作物和土地带来的伤害，既生产绿色健康的农产品，又保护土壤。在选择种植方式时，也尽量选择科学的耕作模式，加强对土壤的养护管理，防止土壤资源枯竭，维持生态系统的平衡。除此之外，还可根据动物、植物、微生物之间的相互依存关系，采用"桑基鱼塘"的农业生产结构或者利用现代农业技术和新型能源，提高土地利用率，做到生产过程零污染，实现环境增值。

### 3.4.4 空间重构战略下的乡村生态空间健康化营造

随着工业化和城镇化进程的加快，部分不科学、不合理的土地利用方式直接导致了乡村生态空间的不断恶化。在农业生产方面，部分地区化肥和农药的施用量不断增大，乡村面源污染已经成为破坏乡村水土资源的主要污染方式。除此以外，部分高能耗、高

---

[1] 田晓鹏. 关于中国生态农业发展的理论探讨[J]. 农业技术与装备，2020，24(11)：99-100，102.
[2] 黄春华，王玮. 中国生态型乡村景观规划的理论与模式初探[J]. 福建建筑，2010，12(4)：4-6.

污染的中小型企业对乡村地区的生态环境与居民健康构成明显威胁，矿区过度开采自然资源的行为也威胁到乡村的生态安全，增大了生态风险。因此，我们需要加速推动乡村生态空间的优化与重构，建设乡村生态景观，重塑绿色健康的乡村生态空间格局。

乡村生态空间的重构是涵盖综合治理环境污染、优化提升生态景观质量、增强生态系统服务能力等多重目标的生态建设措施，是对乡村地域生态空间的优化调整乃至根本性的变革。其内涵是通过资源集约利用的方式来解决乡村生产和农民生活过程中的资源低效利用问题和环境污染问题，实现乡村地区资源环境协调发展[①]，保护乡村生态环境。

乡村生态空间的建设可以概括为恢复乡村景观的生态服务功能、保护农业景观的生物多样性、增强自然环境的防灾减灾能力和水土保持能力、完善乡村生态景观结构、促进乡土景观回归几个方面。近年来，退耕还林工程、天然林保护工程、牧民定居工程等大型生态工程项目的实施进一步推动了乡村生态空间的重构，在改变乡村居民生活生产方式、提升居民生活质量的同时，完成了对部分乡村生态空间的重塑。

在重构乡村生态空间时，要遵循自然生态规律和景观生态学原理，在大尺度上重视乡村生态网络和绿色基础设施的建设，在小尺度层面上提高生境质量和多样性[②]，增强空间的生态服务能力，提高生态效益。乡村生态空间格局的重构需要从不同尺度同时出发，修复乡村自然生态系统，增强乡村生态系统的自我调节能力，使之成为乡村重要的绿色空间和生态屏障，在应对环境问题、实现乡村可持续发展上发挥重要作用。

乡村生态空间的建设是当下乡村建设的迫切要求，合理的乡村生态规划既要充分利用乡村现有的自然景观与生态空间，建立完善的生态网络，发挥生态景观的美学功能与生态功能，更要充分利用乡村的农业资源与自然环境建立更加高效的农业生态系统。通过对乡村生态空间的构建，提高资源利用效率，保证乡村的经济效益、社会效益与生态效益，实现乡村生态的可持续发展。

### 3.4.4.1 完善乡村生态结构

乡村生态系统虽然有丰富的物种，但随着人类的生产活动越发频繁，对环境造成的干扰与破坏也变得越加严重，乡村生态结构因此而变得越发脆弱。因此，要进行乡村生态空间建设就需要完善乡村的生态结构，通过生态规划进行科学合理的布局。农业用地是乡村用地的主要组成部分，同时农业生产也是乡村最为主要的生产活动，因此农业生态是乡村生态的重要组成部分，也是影响乡村生态的主要因素。在进行乡村生态空间建设时，要充分利用农作物的特点（包括其所能发挥的景观效果与生态效果），合理布局农业生产用地，实现农业和景观的生态平衡；对湿地生态系统、湖泊生态系统以及林地生态系统也要进行科学的布局与限制，实现资源利用与环境保护相协调，同时还要完善乡村生态廊道，保护物种的栖息环境，维持生物多样性，最终在乡村区域内形成一个农业生产与生态景观共生共存的生态结构。通过完善乡村生态结构，为乡村产业发展提供绿色的生产空间，为乡村居民生活提供健康的生活空间，为乡村环境提供山清水秀的生

---

① 龙花楼. 论土地整治与乡村空间重构[J]. 地理学报，2013，68（8）：1019−1028.
② 龙花楼. 论土地整治与乡村空间重构[J]. 地理学报，2013，68（8）：1019−1028.

态空间。

### 3.4.4.2 保护自然生态空间

乡村自然生态空间包括山地、平原、河湖、湿地、森林等，是乡村景观生态系统中的基质，也是人们进行生产生活所依赖的环境条件。我们应该对自然生态空间的自然环境给予充分的保护与限制。对部分自然生态空间的开发要避开生态敏感与生态脆弱的区域，保持自然生态空间的整体形态，尽量减少人工干预，避免人为破坏与改造，在保护已有自然环境条件的基础上因地制宜地进行适当的开发和利用。

保护自然生态空间既对维护生态系统的多样性与完整性具有重要作用，也有利于提高环境的自我调节能力，对建设健康的乡村生态环境具有重要意义。因此，对于乡村现有完整的自然生态空间我们应该高度重视并给予保护，避免其完整性遭到破坏。对已经受到破坏的生态空间则需要进行人为干预，通过引入适宜的物种、完善空间中的植物群落和生态结构来保护自然生态空间。通过对乡村自然生态系统完整性与多样性的维护，营造出物种丰富、结构完整、自我调节能力强的自然生态空间。

### 3.4.4.3 整合农业生态空间

在乡村生态文明建设过程中，农业空间不只是乡村生产空间，还是提供生态服务与生态产品，具有生态价值的乡村生态空间。从景观生态学的角度而言，农业空间具有基质性，同时每一块农业生产用地也都发挥着斑块的作用，因此在建设时需要结合乡村的自然环境特色来优化农业空间布局，避免农业生产空间出现零星散乱的情况，同时引入现代农业技术，对农业园区进行生态化、科学化处理，解决在农业生产过程中出现的严重的面源污染问题，发展健康安全的绿色生态农业。在具体建设时，应严格控制农业生产过程中化肥、农药的施用量，逐步实现绿色、无公害，同时应建立生态拦截系统，吸收、净化生产过程中的面源污染物，再结合其他各类污染的治理工作，完善乡村污染综合治理工程，形成减源—截流—治理体系，保障乡村的环境质量与生态安全。

### 3.4.4.4 促进乡土景观回归

随着城镇和乡村发展过程中的趋同化，乡村居民对能够引起人们内心共鸣的乡土景观有了更强烈的要求，乡村生态空间也需要具备更多的乡土特色。乡村乡土景观的回归就是要再现乡村田园景观以及大自然原有的生态环境。乡村乡土景观的营造即实现乡村景观的田园化与生态化，在乡村范围内做到人与自然的和谐统一，这也是人们生产生活与生态健康的和谐统一，对维护乡村生态环境、保持乡村生态平衡具有重要意义。乡村乡土景观的回归，我们首先要维护好乡村已有的山水格局，做到因地制宜，巧妙地保留自然肌理，达到保护乡村生态环境的基本要求；其次应依托科学技术开发新型绿色资源，最大限度地实现资源的集约利用与循环利用，为乡村的发展创造更多的有利条件，维护乡村空间的"图底关系"。我们要始终坚持城是城、乡是乡的理念，乡村需要不同于城镇的乡土景观，而乡土景观的回归也是乡村生态空间营造过程中的重要手段之一。

### 3.4.4.5 营造人工生态植物群落

乡村生态空间的营造离不开具有乡土特色的人工生态植物群落，而人工生态植物群落的营造需要以乡村现有稳定的植物群落为蓝本，通过模拟形成人工配置的植物群落。

在此基础上所营造的植物景观往往极具乡土特色，同时具有良好的生态效果。人工生态植物群落的营造过程是对乡村自然植物群落的结构进行模拟和借鉴的过程，首先需要以植物的生长特点和生态习性为基础，根据植物群落的演替情况，选择稳定的植物群落为蓝本并充分考虑不同种类植物之间的相互作用，通过选择生态位重叠少的物种，尽量减少物种之间的竞争，构建具有乡土特色的人工生态植物群落。在模拟时，可将整个植物群落分为乔木层、灌木层和地被层，截取自然群落的某一片段，参考其层次结构。需要注意的是，我们考虑其在各种环境中的适应性，模拟形成以自然群落中的优势种为主，搭配常见种或其他生态习性相似的物种的植物群落。同时在模拟自然群落、营造人工生态植物群落时绝不是照抄照搬原有的自然群落，而是需要以其作为参考，充分结合植物景观的需求，考虑植物的层次、色彩、季相、林冠线等，突出其生态特征与景观特点，对其进行改造与加工，在保持其生态性的条件下，充分展现人工生态植物群落的艺术性与景观性。下面将从农田植物景观、道路植物景观和水域河道植物景观三个方面具体阐述。

1. 农田植物景观

农田植物景观就其功能而言大多出于防护目的，以维持农业生产区域的生态环境、创造生物栖息的环境、保护农田生态系统、增强农田生态系统的抗干扰能力为目标进行营造。农田植物景观作为整个农业生产区域的生态屏障，对维持整个区域的生态平衡具有重要意义。因此，在进行群落配置时，通常考虑功能性与经济性两方面，以乡土植物为主体，形成层次丰富且不太需要人工维护的植物群落。上层乔木通常选择分枝点高的树种或枝叶稀疏的树种，保证栽植于乔木层下的灌木、草本能够吸收到维持其正常生长所需的阳光，使下层植物能够健康生长；选择中层灌木时应考虑阳光照射条件，以耐阴植物为主，但在林缘位置可考虑配植一定量的喜阳植物。除此之外，在保证农作物的生产且不会对农作物正常生长造成影响的前提下，可以在田埂、田缘等区域种植带状单层植物，这样做不仅有助于农田水土保持，也能够划分空间边界。而对于农田周围自然萌发的乡土树木，在不影响农业生产的情况下应该尽量保留，不进行移植或者修剪，维持农田植物景观的原有生态和自然特色。

2. 道路植物景观

乡村道路绿地是乡村景观结构中生态廊道的重要组成部分，发挥着隔离污染、塑造景观以及生态通道的功能。道路植物景观的营造应遵循适地适树的原则，同时要与周围自然环境相协调，通常选择抗性强、病虫害少、方便管理的乡土树种。上层乔木通常选择枝大叶浓、分枝点较高、树形挺拔的树种；中层灌木应具有抗性强、便于管理的特点，同时具有较高的观赏价值，尽量展现出植物的群落美；下层则可以考虑选择乡土地被植物铺底，可任其自然生长，少一丝人工痕迹，多一份自然韵味。

3. 水域河道植物景观

水域河道作为生态廊道的另一种重要类型，具有保护环境、维持生态通道、提升美学价值等多种作用。而河道两侧的滨水绿地具有控制水土流失、过滤及净化河道中的污染物、为生物提供良好的栖息环境和提高生物多样性等生态价值。因此，水域河道植物景观设计应该以保护和改善水域河道及其沿岸的生态环境为首要任务，在此基础上提升环境优美度，营造滨水景观。水域河道植物景观通常以河道原有植被或山谷等潮湿地带的植物群落为蓝本进行模拟，在水域范围内和近水区域以耐湿植物和水生植物为主，而在水岸高处以观花、观叶的草本植物为主，丰富水域及河道周围的景观效果。

## 3.5 典型乡村生态空间健康化营造方式

### 3.5.1 林地生态空间

为保证物种在林地生态空间中能够有序栖息、迁徙，需基于生物运动过程，对林地生态空间进行恢复与提升，构建健康导向下的林地生态空间。

#### 3.5.1.1 构建植被缓冲带

植被缓冲带在保护生态基底—斑块—廊道生态效益中起到重要作用，不仅能为区域物种提供多样化的栖息环境，还能消减人类活动对乡村生态空间的干扰，从而维持乡村生态空间结构的稳定，并且对于乡村生境的恢复也起着重要作用，如图3.5-1所示。在林地生态空间周边设置具有足够宽度的植被缓冲带能够提高林地生态空间的稳定性，减少外来干扰对生态空间造成的影响。在植物配置方面，植被缓冲带应使用具有乡村地域性的乡土植被，这样做能够最大限度地保护林地生境，保障生物在林地空间中的活动空间，提高林地生境多样性和物种稳定性。按照顶级群落原理构建生态林地，即把已经确定的乡土植物幼苗按照自然植物群落的结构与比例栽种在近似自然生态环境的土壤中，通过植物群落内部的自由竞争，筛选出该植物群落的优势物种。合理配置水生、灌木、乔木植物，提高水平镶嵌性和林地空间的成层性，营造多层次的水平、垂直植物群落结构，如图3.5-2所示。

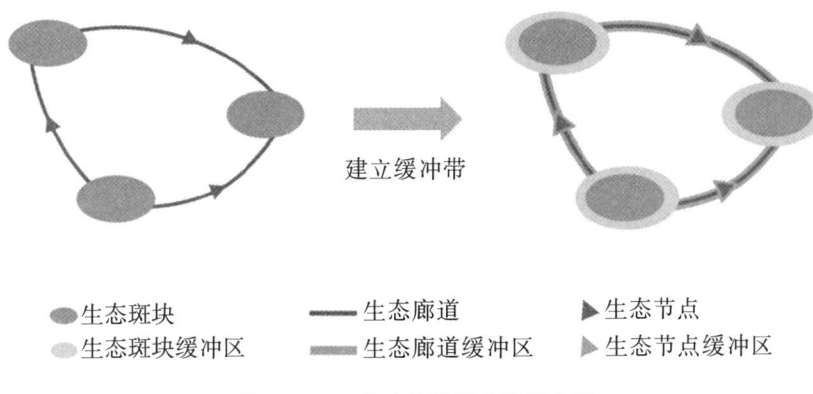

图3.5-1 构建植被缓冲带示意图

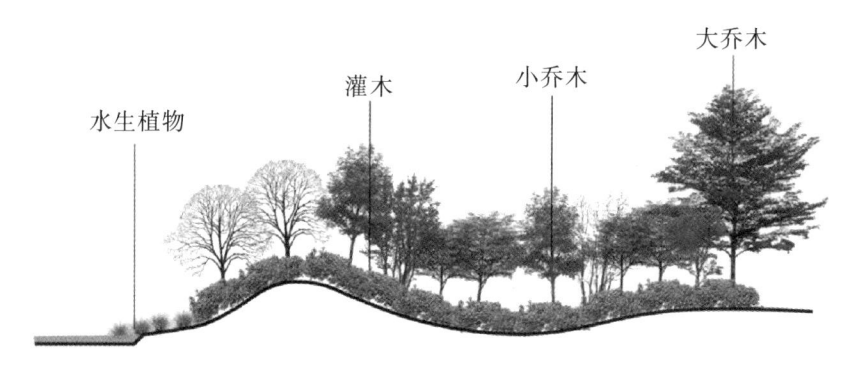

图 3.5-2 植被缓冲带的植物配置

#### 3.5.1.2 构建生态廊道

从空间结构上看，生态廊道主要是由纵横交错的廊道和生态斑块有机构成的生态网络体系，使生态系统基本空间格局呈整体性，生态系统内部呈高度关联性。随着乡村旅游产业的发展，游客规模不断扩大，对乡村道路数量和密度提出了更高的需求，而乡村道路在面积增长的同时也挤占了林地生态空间，对乡村物种物质能量的流动造成了不可忽视的影响。乡村生态廊道被道路交通打断，野生动物在迁徙时需要通过车流、人流量较大的道路，会受到不同程度的阻碍和影响。

搭建生态廊道可以将相对破碎的生境斑块重新连接在一起，同时延续被打断的生态廊道，从而促进物种迁移，避免形成种群隔离，保护生物多样性。生态廊道是连接被非建设用地割裂的破碎化程度较高的生境并创造出适宜当地生物生活、迁移的生态通道，除具有廊道的功能和特点外，还具有生态服务功能，能够促进廊道内动物沿廊道迁徙。根据动物体型的大小和跨越距离的远近，生态廊道分为涵洞式和路下式：小型动物可通过涵洞式进行距离相对较短、路程较近的跨越，大型动物通常使用路下式进行较大范围、路程较长的跨越。

#### 3.5.1.3 设立生态踏脚石

近年来，为了满足乡村发展的需求，建设用地规模日益增加，距离建设用地较近的林地生态空间逐渐被侵蚀吞没，乡村林地生态空间基底—斑块—廊道受到的人为干扰日渐增多，斑块越发破碎，林地生态空间中物种的栖息、迁徙、信息交流都受到了不同程度的影响，致使林地生态空间中不同的斑块联系减弱，同时与其他乡村生态空间之间的距离越来越远，物种活动范围减小，生物多样性遭面临严重威胁。

设立生态踏脚石，是在林地生态空间内部增加除生态源地外也能够供物种休憩的场所。生态踏脚石也称生态暂息地，是供目标物种迁徙时临时栖息的小生境斑块，其特殊性使其成为沟通各栖息地的"跳板"[①]。在破碎度高的林地基底内部或者在连接程度低的林地斑块之间设立生态踏脚石，再通过搭建生态廊道，可加快林地生态空间斑块间的交流与沟通，为物种的迁徙提供休息点和中转站，扩大物种的活动范围，有效提高栖息

---

① 刘骏杰，陈璟如，来燕妮，等. 基于景观格局和连接度评价的生态网络方法优化与应用[J]. 应用生态学报，2019，30（9）：3018-3118.

地间物种的扩散交流能力，从而保护生物多样性。

## 3.5.2 水域生态空间

水域生态空间对整个乡村生态空间的作用不言而喻，具体的优化措施可以从水质生态化和水岸生态化两方面进行构建。

#### 3.5.2.1 水质生态化

由于目前乡村污水治理配套设施不够完善，雨水没有利用优越的自然水文条件进行自然排水，长时间的雨污合流，经雨水冲刷，农药、生活和工业污水、垃圾等污染物质流入附近河道，造成河流出现水质污染、水体富营养化等问题，严重破坏了河流、湖泊水质及其周边的生态平衡。水域本身虽具备一定的自我净化能力，但由于长时间的污染导致水体自身净化能力和水系循环系统受到了较大程度的影响，水资源污染的程度加剧，水域斑块破碎化程度增高，斑块与斑块之间的联系减弱，水生生物生存、繁衍等生命行为受到较为严重的影响。

习近平总书记提出了"绿水青山就是金山银山"的生态发展理论，要求我们在进行乡村建设的同时需要考虑到当地的生态建设。在美丽乡村视角下进行乡村生态空间营造时必须注重水域生态环境问题，做到水质生态化，确保水域安全和健康。健康水域空间的营造应以遵循自然规律为基础，发挥水域自身的生态修复功能，再施以人工辅助的手段，发挥水体自我做功的能力，尽可能不破坏生态平衡。水质生态化的主要方法有以下三种。

1. 利用生态护坡改善水域水质

生态护坡是基于生态环境的恢复和构建，涵盖水生动物、水生植物及微生物三种生物群落的生活行为而构建的富有生命力的水域生态空间，是打造一个完整生态系统的新型护岸技术。生态护坡一般位于水岸，是连接陆地生态空间和水域生态空间的重要桥梁。生态护坡以构建稳定性水岸边坡为基本原则，以减少水岸边坡不稳定性和侵蚀、提高水域边坡生态系统生物生境多样性、恢复水岸边坡自然生态为基本点，通过联系水域与陆地的信息交流、能量交流和物质循环，从而进行岸坡生态环境的自我修复和自我调节，最终使水域空间恢复自净功能。

在进行生态护坡的营造时，可选择运用生态袋护坡。生态袋护坡是指通过植物与工程技术措施相结合的方式，发挥植物的生态作用，辅以人工稳定的措施，提高护坡的牢固性和整体性，以此降低河道坡面由于长期受流水冲刷和侵蚀导致的危险。生态袋具有生态环保、取材简单、柔性护坡等优点，可作为生态护坡营造时的首要选择。

2. 利用高等水生植物改善水域环境

在水质遭到污染的情况下，可以通过栽植高等水生植物，利用其发达的根系吸收降解水体中的污染物质，从而达到改善局部水域水质的目的。高等水生植物通过根系的净化作用可以明显改善局部水质，同时通过搭配不同类型的高等水生植物还可以起到美化作用，丰富乡村水域生态空间景观。目前，我国许多河道水体修复均采用了生态浮床技术。生态浮床技术是以高分子材料作为基质和载体，通过无土栽培的原理种植水生植物，利用高等水生植物发达的根系与水体接触形成天然的过滤层，使水体中的氮、磷物质被根系截留、吸附、吸收，被微生物降解和被水生动物摄食，从而得到削减。生态浮床技术还可以通过高等水生植物根系的分泌物降解去除部分有机物。此外，高等水生植物可以利用其自身优势，与水域中的藻类竞争光能和营养物质，以此抑制藻类生长，维护水域空间生物多样性，促进大分子污染物的降解。

3. 利用微生物降解和吸收利用水中污染物

微生物具有强大的分解能力，由于其具备适宜的生长形态及多样化的代谢功能，能够通过不同的方法氧化分解水体中的有机物质，为净化水质做出了巨大贡献。当水体富营养化时，人工选育活性微生物并投入污染水体中，再通过一定的技术手段迅速增大水中此类微生物的浓度，以此提高污染物的降解速率，加速细菌和水域之间的能量流动和物质循环，强化微生物对氮、磷等污染物的吸附、降解和转化，从而完成水域水质的恢复和生态效应的恢复，修复富营养化水域，改善水域水质情况。微生物进入水体后会主动吸附水中的有机物，并将大分子有机物分解转化为可吸收利用的可溶性有机小分子，通过细胞膜渗入细胞内部，被细菌体内各种酶降解吸收利用。对于难以降解的有机污染物，微生物则会通过共代谢改变其结构，最终将其降解之后吸收利用。

### 3.5.2.2 水岸生态化

乡村水岸生态空间可以分为滨湖水岸生态空间、滨河水岸生态空间和滨塘水岸生态空间。目前，水岸驳岸在设计上大多采用不透气的刚性材料建造岸堤，构造样式也是以硬质材料为主。这样建造的岸堤主要从水利安全方面考虑，忽略了水域和陆地的生态效益。乡村建设中过度改造河床，导致水域空间植物多样性急剧下降，生态资源遭到严重破坏，极大地阻碍了水域生态系统同其他生态空间的物质循环和能量交流。基于对水利安全的考虑，降低了人群亲水的可能性，削弱了人与自然水体的联系，减弱了滨水景观的经济价值和美学价值。因此，在进行水岸生态化建设时，需要围绕乡土材料和乡土树种等软质材料来进行建造，打造具有当地特色的水岸生态空间。

1. 滨湖水岸生态空间

滨湖水岸营造应围绕生态观赏和水利防洪来研究，结合滨湖水岸地形采取不同的营造形式和策略，主要分为人工驳岸、自然驳岸、混合驳岸三大类。人工驳岸可以分为垂直驳岸和退台驳岸，生态性最差。自然驳岸则是利用乡土材料、乡土植物等软质材料对驳岸进行构造，辅以人工设计，在水岸旁形成自然生态景观，降低水岸硬化率，实现生态化水岸。混合驳岸则是结合人工驳岸和自然驳岸两种方式对水岸进行构造，可以提高驳岸使用率，增强人与自然水体的联系，同时兼具部分生态效益。因此，构造健康生态的滨湖水岸需要通过构造自然驳岸来实现。以下详细说明三种自然驳岸类型，即植物驳岸、堆石驳岸和木材驳岸。

（1）植物驳岸。

植物驳岸是在保持水岸边原有植物的基础上适当增加当地乡土树种作为补充的一种驳岸营造形式。在较大面积的缓坡湖岸，植物驳岸的营造通常有利于保持湖岸植被的多样性。我们可以利用高等水生植物对水源进行净化和涵养，提高滨湖水质。水生植物增强了土壤的黏结能力，使湖岸的抗冲剪性能增强。在营造植物驳岸时，需要考虑挺水植物、浮水植物和沉水植物的配置，在滨湖水域中形成原生态的植物群落与生物的天然栖息场所，提高水域生态空间的生物多样性。

在堤岸区需要种植高大且根系发达的乔木，提高驳岸的抗冲剪性能；在面坡区采用灌木和小乔木进行搭配，防止水土流失；在挺水区通过高等水生植物净化和涵养水质；在沉水区设置透水设备，模仿生态环境，人工营造水生植物繁衍的条件，进一步提高驳岸生物多样性，形成独具特色的滨湖景观。

（2）堆石驳岸。

堆石驳岸是利用乡土石材进行无规则堆砌而形成的滨湖驳岸。从目前乡村的堆石驳岸存在的问题来看，需要多加入一些生态效益考量。堆石驳岸的营造一般是当水域空间拥有较大的滩涂时，需考虑到水域消落带等相关问题。当涨潮或者处于丰水期时，石材位于沉水区或挺水区；当退潮或处于常水位、枯水期时，石材则位于挺水区或面坡区。在构建堆石驳岸时，首先要考虑使用当地的乡土石材，在材料上体现乡土特色。若该地区缺乏稳定性高、不易破碎的石材，则应该因地制宜地选择人为建设剩余的刚性混凝土等材料，实现材料的循环使用。

生态化的堆石驳岸不仅可以提高坡脚的稳定性，还可以在石块的间隙种植特色植物，为水生植物和两栖动物等提供栖息活动场所。同时，由于石块形状不规则，在滨湖堆石景观方面具有很大的提升空间，可以营造具有古典园林特色的水岸空间。在挺水区可以选择种植芦苇、菖蒲等，加大水生生物栖息于此的可能性；在沉水区可选择种植睡莲、茭白等观赏性兼具可食用性植物，不仅具有美学价值，还具有经济价值；在面坡区则可以种植垂柳等观赏性强的乔木，在实现岸坡生态化的同时还能营造出一定的景观效果。堆石驳岸剖面如图 3.5-3 所示。

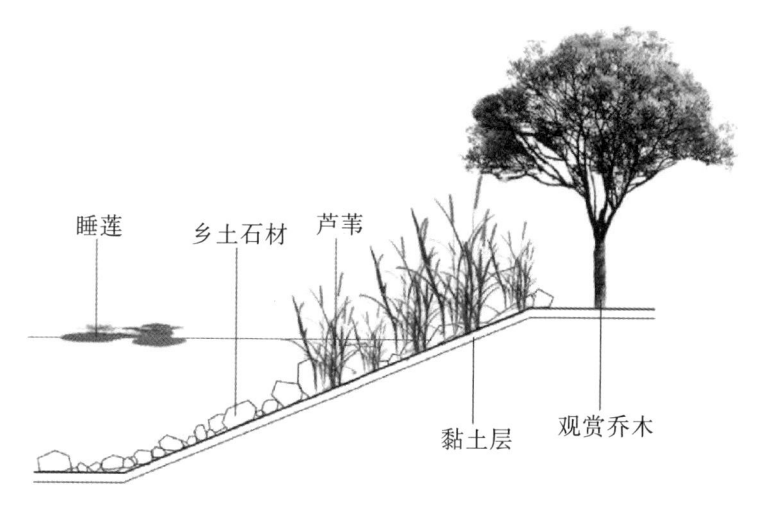

图 3.5-3 **堆石驳岸剖面**

（3）木材驳岸。

木材驳岸是利用木板、木桩等木质材料拼接成块，沿着湖泊岸线插入土层中来提高驳岸水土的稳固性。大部分木材都是忌水的，在水域中长期浸泡容易发黑、变形、腐烂，因此应选择含有较高油脂的乡土树种，以保证木材驳岸的安全性。

木材驳岸由于材料的选取具有较强的景观特性与生态性，因此在木质护坡附近种植植物需要对其进行景观造景，这样不仅能够提高岸坡生态效益，还能打造景观效果。木材护坡在加固驳岸的同时，由于木材之间具有孔隙，能在一定程度上维持滨湖生态空间与驳岸间的能量交换与物质循环。除此之外，还能减缓水体对驳岸的冲击作用。在水岸种植植物时需要注意植物的搭配，如在挺水区种植时需考虑植物是否会在生长过程中挤入木材护坡的缝隙中，导致木材变形甚至破坏岸堤护坡。木材驳岸剖面如图 3.5-4 所示。

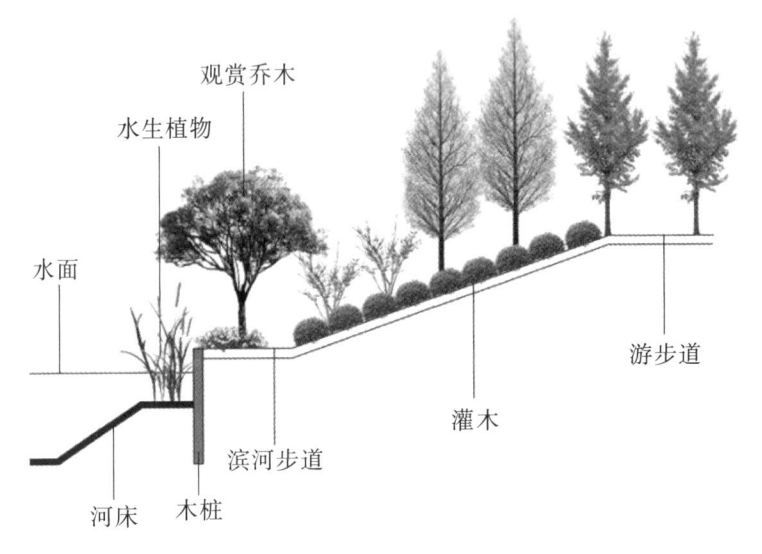

图 3.5-4　木材驳岸剖面

2. 滨河水岸生态空间

乡村河流的防洪等级低于乡村湖泊的防洪等级，因此滨河水岸相比滨湖水岸具有更强的亲水性和可达性，植物、人以及水域需要形成生态的互动关系。因此，滨河水岸生态空间的特点包括两大要素，即人的活动空间和植物的配植空间[1]。

滨河水岸生态空间里人的活动空间可通过长廊、滨河栈道等形式构建，为融入当地的文化元素可采用乡土材料来修建，形成独具特色的景观标识。在植物的配植上，根据不同的坡面分区栽植搭配各色的植物，以形成不同的景观效果。要选择当地乡土植物，避免使用外来物种。同时应考虑提高植物配置在垂直结构上的成层性，由上到下依次为乔木、灌木、地被，在生态位上实现互补，提高空间资源利用率。滨河水岸生态空间剖面如图 3.5-5 所示。

---

[1] 陈鑫. 乡村的河道植物景观构建研究 [D]. 长沙：中南林业科技大学，2013.

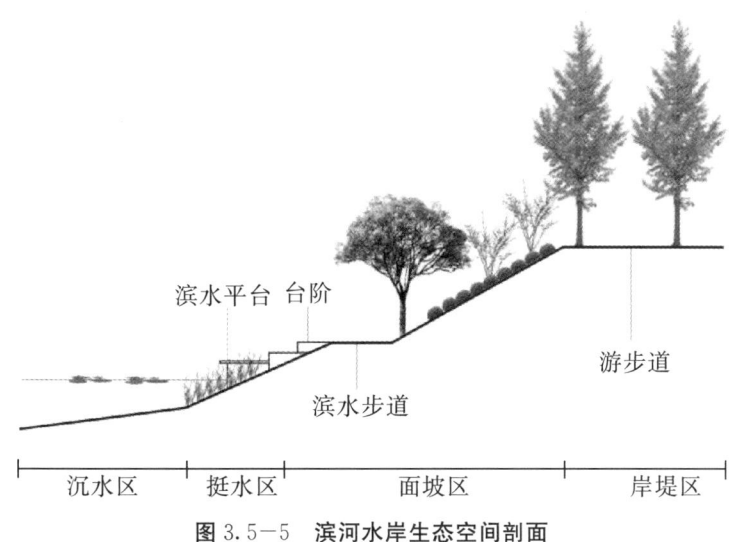

第 3 章 乡村生态空间的健康化营造

图 3.5-5 滨河水岸生态空间剖面

（1）岸堤区。

在滨河驳岸的最上端，距离水面最远、土壤坚实度最高、空间最为安全的区域即为滨河水岸的岸堤区。该空间植物常以乔木为主，通过构建滨河步道，营造乡村滨河景观。

滨河岸堤区与滨湖岸堤区的差异性主要体现在树木的搭配上，不同的选择会形成不同的景观效果。滨河岸堤行道树的存在既提高了岸堤的生态性，又保证了步行空间的安全性，还丰富了沿河的绿化景观。

（2）面坡区。

位于常水位以上，与水面距离较近，对于驳岸水土保持至关重要的空间即为滨河水岸的面坡区。该空间植被常以灌木为主、小乔木为辅，适当增加灌木与地被的数量，可以平衡因乔木数量减少而带来的生态影响。当面坡区进行前期建设时，应选择具有较强生长优势的乡土树种进行植被栽植，迅速发挥面坡区驳岸的生态效益。

在面坡区可以修建滨水步道，并且在适宜的地方开设台阶，以提高驳岸的亲水性，满足人们亲水的需求。在面坡区灌木相对稀少的开阔区域可设置一定面积的草坪。在建设时需要考虑到亲水活动的安全性，可以在靠水一侧通过采用设置木质栏杆等安全防护措施，防止安全事故的发生。

（3）挺水区。

位于常水位中心线附近，土壤孔隙率较高，土壤承受压力较大，土壤整体相对松软的位置即为挺水区。在植物选择方面，水生草本植物成为其第一选择，如菖蒲、芦苇、蒲草、再力花、鸢尾等。通过对挺水区植物的栽植，能够丰富河岸边植物群落景观效果，同时还能利用植物根系净化河流水质。在此区域内，高大的挺水植物占据了大部分生态空间，为追求水域生态效益的最大化，可以种植一定数量的水生可食用景观类植物，如茭白、莲藕等。

挺水区的安全性和可达性相比面坡区和岸堤区较差。如果要增强其可达性，可以提供人群亲水活动的场所仅有小面积的滨水平台、滨水台阶等。考虑到亲水的安全性问题，可在平台近水边缘处设置相应的防护措施，以免发生安全事故。

（4）沉水区。

位于常水位以下，人群的日常活动不可到达的区域即为沉水区。沉水区通常配置观赏性较强的水生草本、禾本植物，通过搭配不同季节、不同色彩的植被，形成丰富的景观效果。沉水区由于是完全处于水中，所以应该选择栽植沉水植物或者浮水植物，起到净化水质的作用，提高水域的生态性。

3. 滨塘水岸生态空间

池塘一般指比湖泊小的水体。在乡村中，池塘数量较多，分布范围较为广泛。在构建滨塘水岸时应注重水域的生态性，同时还需要考虑人的可达性与池塘景观性等。通过一定的生态营造，池塘可成为乡民休憩的公共场所，也可成为乡村的重要景观节点。目前，乡村中池塘水岸亲水性虽高，但水岸的趣味性不足，乡土植物覆盖率较低，需要增加乡土树种类型并合理搭配形成生态和美观兼具的乡村滨塘生态空间。同时，由于池塘水不易流动，需考虑到水质净化的需求。因此，在构建滨塘水岸生态空间时必须考虑池塘生态和水质等相关问题。

（1）景观型驳岸。

景观型驳岸是由植物、石材、花卉、木材以及极少的人工刚性材料搭配组合而成的。营造景观型驳岸时宜选用乡土材料和植被，成本低且易于推广。景观型驳岸剖面如图 3.5－6 所示。

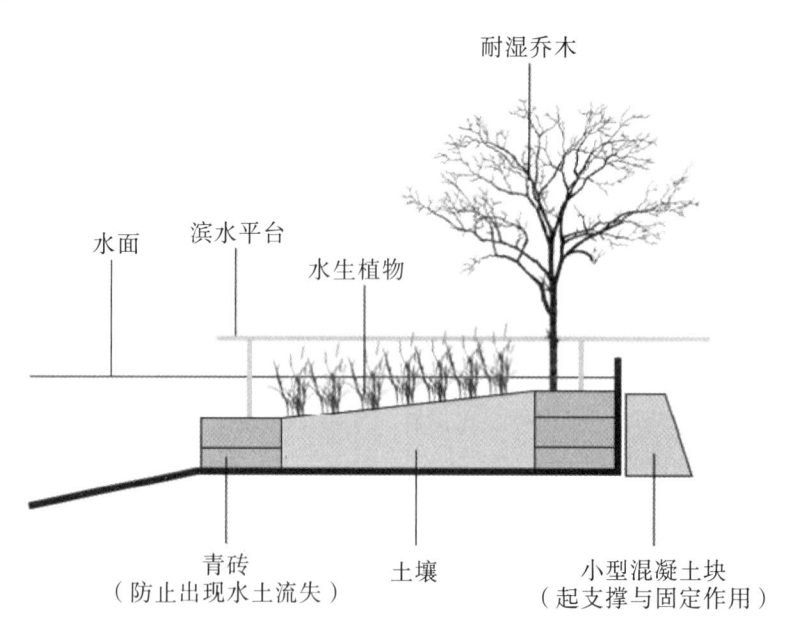

图 3.5－6　景观型驳岸剖面

（2）生态浮岛。

生态浮岛是利用植物的根系对水体中氮、磷的降解，降低水体富营养化而设计的人工浮岛,适用于污染较严重或缺少循环的水域[①]。乡村池塘由于整个水域处于一个封闭的环境下,水体缺少流动与能量和物质交换,容易滋生大量藻类,造成一定的环境问题。我们可以使用生态浮岛技术改善水体质量,降低水域生态环境问题出现的可能性,同时,通过对浮岛植被的选择增强浮岛生态景观价值。

### 3.5.3 农业生态空间

从景观生态学的角度出发,农业生态空间是由大小不一的斑块或者廊道镶嵌组合而成的,不同的斑块种植着不同的农作物,形成不同的景观。从旅游学的角度出发,农业生态空间不只是农业生产空间,还是发展乡村旅游业一个重要的景观节点。

目前,由于乡村工业的急速发展,环境污染问题日益突出,威胁乡村农业生态安全。要科学地采取相应的策略解决污染问题,从而构建健康的乡村农业生态空间。

#### 3.5.3.1 科学管理农田,加强环境保护

在乡村,一些地方农民的知识普及率较低,为了提高农作物产量,增加收入,在农耕时大量使用化肥和农药,导致土壤和水体受到严重污染,造成了一系列的环境问题。针对目前乡村农田环境管理的不科学,农业专家结合国外农田环境管理的先进经验,形成了具有我国特色的农田管理模式,提高了对乡村农田环境的保护。

1. 加强乡村农田环境管理

乡村对农田环境管理力度的大小会直接影响耕作时使用的化学肥料和各种药剂对所产出农作物的安全性以及农田土壤和水域环境的污染程度。从目前乡村农田存在的问题来看,我国的农田环境管理一方面应以改善土壤、优化水域环境、降低大气和土壤中重金属元素的含量为主,降低由重金属带来的食品安全问题出现的概率,筛选出更适合当地土壤和水域情况的农作物;另一方面,农田环境管理还应以保护和构建健康导向的生态空间为首要原则,可以通过一定的方式营造具有乡土气息的农田景观,美化乡村环境,这也有利于人的身心健康和促进当地生态农业的发展。

2. 恢复农田生物多样性

目前乡村农田生态效益不高,种植物种单一,可以通过恢复生物多样性的方法增强生物与农田生境的交流和联系,并基于此提供给人类更好的生存环境。恢复生物多样性能够促进不同生物之间的能量循环,促使土壤环境和水文环境稳定发展,改善局地气候,并且在维持生态系统的进化进程中发挥重要作用。

3. 科学进行农田规划

目前,乡村正在大力发展旅游业,但是由于一些不合理、不科学的规划,挤占了农田和其他生态系统的空间,对乡村的生态环境和生态资源造成了较大的影响。在对美丽乡村进行构建时,必须科学地规划乡村的每一块土地。通过对乡村土地的合理规划和加强对化肥等的管理,保持土壤肥力和水域水质以提高农田单位面积的产值,在拉动乡村

---

① 顾睿. 生态导向下的苏南乡村空间规划设计策略[D]. 南京:东南大学,2017.

经济建设的同时保证乡村生态效益。土地资源是农业发展不可或缺的物质基础，如果管理不当，土壤肥力就会下降，经济价值也会随之降低。

#### 3.5.3.2 提升绿色产值，实现农田的可持续发展和利用

在营造乡村农田生态空间时，我们需要投入更多的精力提升绿色产值。通过研究发现，采用生态化的措施可以提升农作物绿色产值，可以实现农田的可持续发展和利用。我们在进行农田规划时，需要考虑构建资源循环利用体系，实现农田的可持续发展，并利用当地自然资源发展生态农业，建设具有特色的乡村农田景观。

1. 加大政策扶持力度，注重发展农业生产与维护农田生态环境平衡

改革开放后，随着科学技术的进步和工业的发展，人口迅速向城市聚集，导致农村出现了劳动力不足、人口老龄化等问题，限制了乡村农业的发展。要解决当前出现的问题，缓解城市人口压力，就应该对整个乡村环境进行科学的规划，加大政策扶持力度，提高农民的环保和生态意识，从经济和文化层面推动农民自觉维护农田生态平衡和保护农田环境，实现农田经济、生态的永续发展。

2. 加强乡村环境修复力度，从根源上保证农业用地的可持续利用

近年来，尽管国家已经颁布了大量向农业发展倾斜的政策，但是由于我国人口基数庞大，落实到个人的农业补贴还是较少，因此并没有完全解决农村劳动力过剩等问题。从农田可持续发展的角度来看，要在保证建设用地的前提下，提高农业用地的面积，确保乡村农田的生态效益，保证农业用地的可持续利用。

3. 科学治理农田，农业生产与水土协调发展

中国的农业生产主要集聚在乡村，但由于存在管理水平低下、治理不到位等问题，部分地区水土污染严重、生物多样性降低、生态环境遭到破坏，影响人的身心健康和生活生产环境，所以维护农田生态平衡至关重要。我们应减少化肥、农药的使用，多使用绿肥，以减少对土壤和水资源的污染；提倡农民种植乡土农作物，避免种植单一化，实现农作物的科学种植。

## 3.6 乡村生态空间健康化营造案例

### 3.6.1 湖北省当阳市金塔村农业水源涵养科普示范区项目

#### 3.6.1.1 环境问题与水土共治

土地是人类生存和发展的物质基础，人类生产生活所需的原料大多都来自人类脚下的这片土地，可以说人类的一切活动都是从土地开始的。随着人口的增多，我国对农产品的需求量不断增长，持续增长的需求导致农业土地无法休耕，土地出现了过度使用的情况，使土地愈发贫瘠，造成土壤质量严重下降。如今，农村农业生产过程中产生的面

源污染（畜禽粪污、化肥、农药）已经成为我国乡村流域水污染的根源，其中畜禽粪污是面源污染的主要来源。此外，传统农业在生产过程中过量施用化肥和农药，直接导致了土壤自身功能的退化，也造成各类病虫害产生抗药性，从而需要施用更多的化肥和农药，造成恶性循环，如图 3.6-1 所示。

**图 3.6-1　土壤状况**

为了保护和改善生态环境，防治土壤污染，推动生态文明建设，全国第十三届人大常委会第五次会议全票通过了《中华人民共和国土壤污染防治法》，"水土共治"首次得到立法的确认，是我国土壤防治和地下水污染治理迈出的坚实一步。水土共治强调围绕流域的生态修复，致力于构建山、水、林、田、湖的生态格局，注重景观组合的最佳方案。同时，追求水土可持续利用价值、保护生态环境、发展循环经济、弘扬地域文化，做到生态自然与社会经济齐头并进。水土共治是治理水污染与土壤污染、修复生态环境、构建生态文明的重要途径，是建设美丽中国的战略探索。

水土共治模式即依托水土共治生态修复技术——水生态修复体系、土壤生态修复体系、环境大数据平台系统，以流域水环境农业面源污染等废弃物资源为原料，通过循环利用的方式，制成有机土壤调理剂来沃土固碳、养土肥田，使有机肥逐步替代化肥，绿色防控逐渐取代农药，达到种养生态循环的效果。通过养土肥田、土壤大数据、有机物循环利用、农业机械化、生物防控，实现生态碳资源循环的目的，改善土壤现阶段恶性循环的状况，使土壤整体质量逐步提升，促进健康土壤的正向演替，显著提升环境承载力。水土共治模式是通过统筹城乡一体化，将生态修复与绿色产业紧密结合，构建环境大数据平台，从源头上解决我国的乡村生态问题，以此建立流域生态环境与绿色经济环境产业的生态修复系统，推动流域生态文明的建设。

#### 3.6.1.2　项目概况

项目场地位于湖北省当阳市金塔村，占地面积约 29000 平方米。场地内原有水塘四个，西北部有自然种植的桉树林一片，其余地块大多种植玉米，用地以水塘和田地为主。场地东侧毗邻金塔村，金塔村居民在生产生活中会产生较多的生活污水、化肥和畜禽粪便等污染物。场地地势西南高、东北低，内部坡度较缓，坡向以北坡向、东坡向为主，东南坡向与东北坡向为辅，光照条件良好。农业水源涵养科普示范区项目总平面图如图 3.6-2 所示。

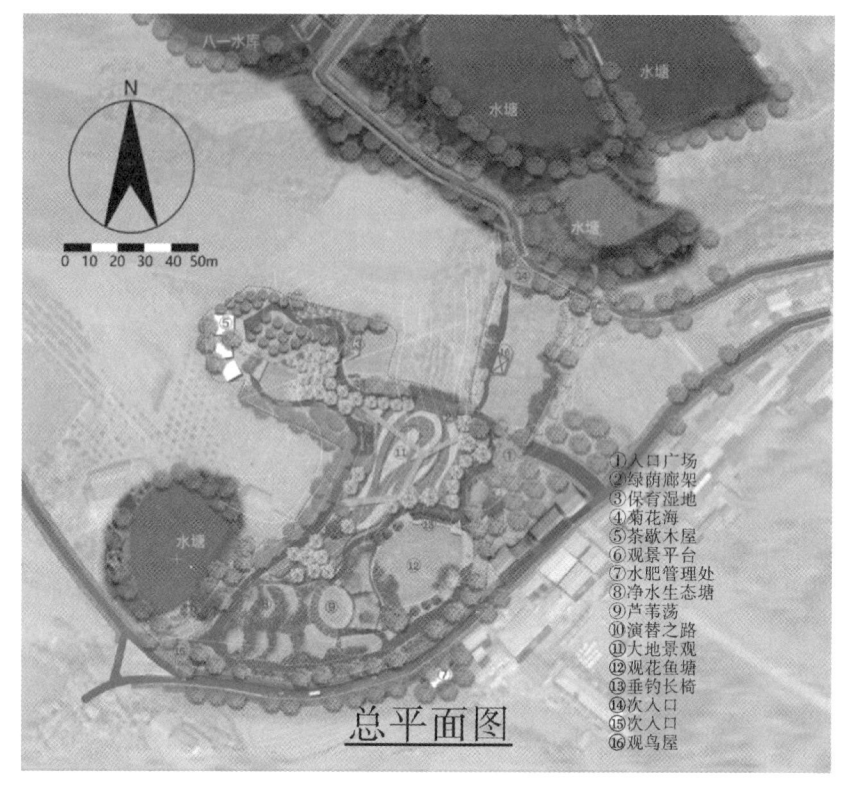

图 3.6-2 农业水源涵养科普示范区项目总平面图

在项目的规划设计中，依托水土共治与湿地生态模式，实现水土的生态治理与可持续发展，并以此为试点，探索并完善美丽中国生态文明建设中的又一实施路径。对于农药、化肥等面源污染物，我们可以通过水肥一体化智能灌溉系统和生态涵养林来进行控制。一方面，通过对化肥的减量及控制，改善化学农业；另一方面，围绕水塘周边布局生态涵养林，控源截污。对于水源的内源污染，可在水塘周边栽种水生植物吸收污染物、净化水体，同时通过养殖鱼、蟹、螺、虾等水产品构建水塘生态系统，增加环境的生态活力。通过点源截污、面源控制、内源治理、生态修复等方式，完成对水污染、土壤污染的治理，实现生态恢复与景观提升。农业水源涵养科普示范区项目鸟瞰图如图 3.6-3 所示。

图3.6-3 农业水源涵养科普示范区项目鸟瞰图

### 3.6.1.3 总体规划

**1. 功能分区**

整个项目根据场地各部分的主要功能与特点,分为入口景观区、康养休闲区、陂塘净水系统区、生态恢复保育区以及大地农业景观区。农业水源涵养科普示范区项目功能分区如图3.6-4所示。

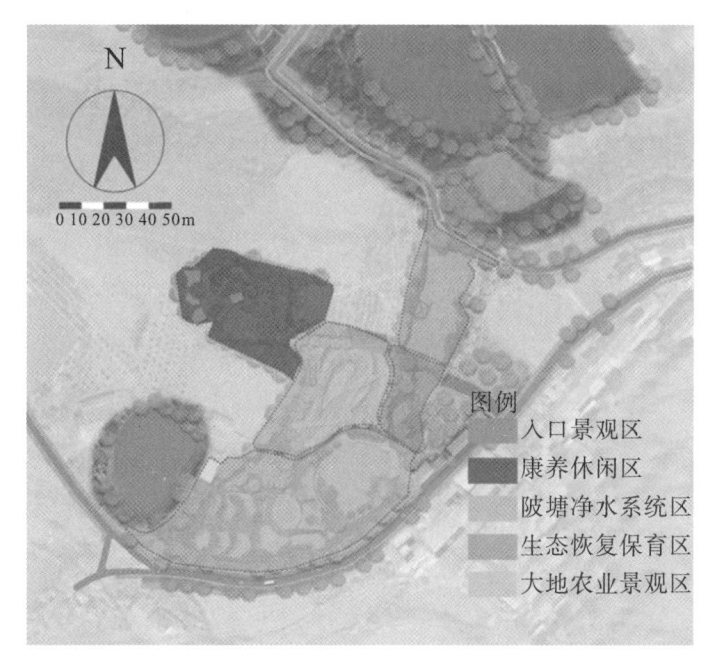

图3.6-4 农业水源涵养科普示范区项目功能分区

入口景观区以交通集散和科普展示为主。在入口处通过对花草树木进行搭配提升视觉效果,并在入口处设置展架,将水土共治的生态建设模式向游客进行科普。康养休闲区以生态康养和休闲活动为主,设置有颐养湿地、茶歇木屋等景观节点。陂塘净水系统区以湿地系统和生态净水为主,设置有净水生态塘、芦苇荡、演替之路、观花鱼塘等景观节点,在满足水生态治理与恢复的前提下,营造优美的生态景观,使生态设计与景观设计合二为一,展现生态之趣。生态恢复保育区以水源涵养和生态修复为主,尽量减少人为活动对其造成的干扰,营造最自然的生态环境,充分发挥其生态效益。大地农业景观区以农业生产和大地景观为主,结合农业生产营造大地景观,展现乡村田园特色。

2. 植物设计

五行学说是中国古代的一种物质观,用来解释世界万物的形成及其相互关系。项目的植物设计按照五行对应的色彩(金为白,水为黑,木为青,火为红,土为黄)分别选择白色系植物、暗色系植物、常绿植物、红色系植物、黄色系植物配植在场地中,表达生生不息、万物循环之意,如图 3.6-5 所示。同时,大量栽植乡土树种(如四季桂、银杏、水杉、栾树、柑橘等)展现乡土特色。

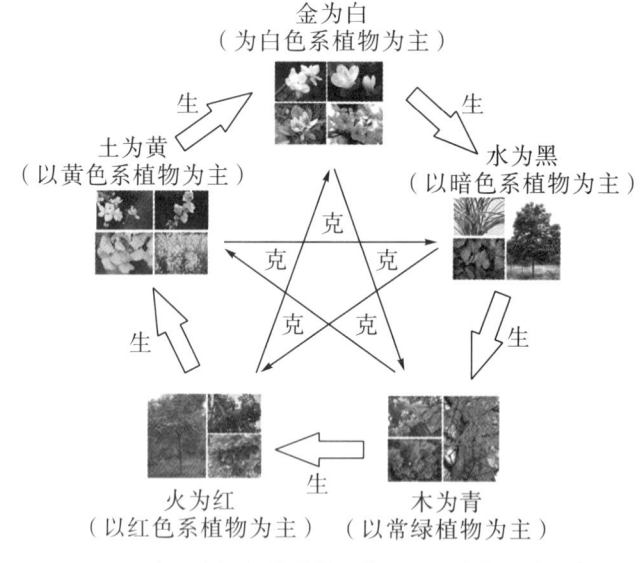

图 3.6-5 农业水源涵养科普示范区项目植物设计示意图

在湿地区域,可以选择生态效果与景观效果兼具的水生植物来营造湿地生态景观,如芦苇、香蒲、菖蒲、再力花、风车草、千屈菜、花叶芦竹、狐尾藻等。在农业景观区,可种植油菜花、小麦、薰衣草等作物,营造田园景观与大地景观。同时,也可以选择柑橘树、桃树、梨树等果树进行群植,兼具生产效益、景观效益和生态效益。在康养休闲区,可选树形优美、季相丰富的植物(如含笑、蜡梅、侧柏、鸡爪槭、迎春花、鸡冠刺桐、山茶等),营造植物景观。还可以在其他区域种植重阳木、水杉树、栾树、银杏树、四季桂、白玉兰、枫杨等植物作为行道树或绿化树种。通过对植物合理的选择与搭配,既能营造出三季有花、四季常青的植物景观,又具有良好的生态效益。

### 3.6.1.4 技术措施

#### 1. 农村生活污水治理

农村生活污水治理模式多种多样，应根据农村现状、风俗习惯及自然、经济与社会条件，因地制宜地选择污水治理模式。在该项目中，我们遵循经济、高效、节能和简便易行的原则，采用地埋式小型微动力净化槽与陂塘塘床湿地生态系统结合的模式，通过小型微动力净化槽对污水进行第一次处理，再通过湿地中的水生植物进行二次净化，经过两次净化后的水可直接流入管道或流入鱼塘进行农业生产。通过营造良好的生态环境和景观效果，实现水土共治。农村生活污水治理模式及工艺流程如图3.6-6所示。项目污水处理示意图如图3.6-7所示。

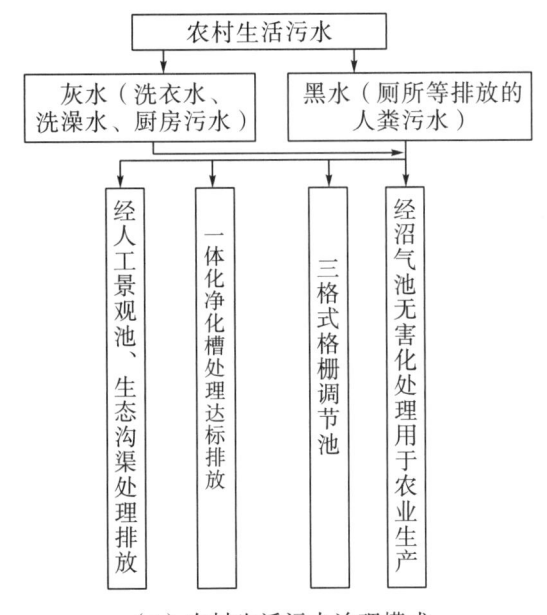

（1）农村生活污水治理模式

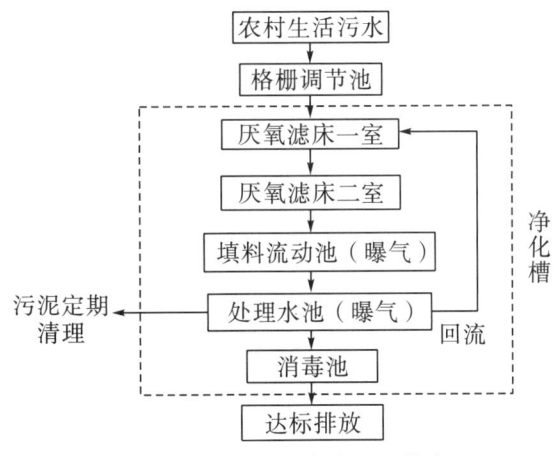

（2）农村生活污水治理工艺流程

**图3.6-6　农村生活污水治理模式及工艺流程**

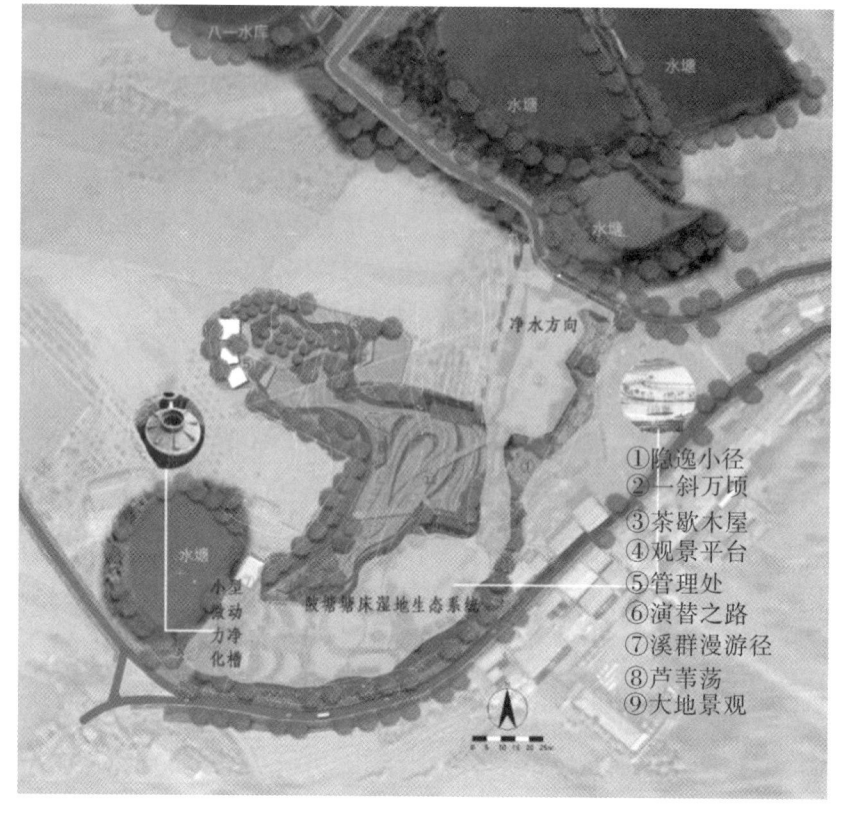

图 3.6-7　项目污水处理示意图

## 2. 陂塘塘床湿地生态系统

陂塘一般是拦截溪流或就地凿池储蓄雨水而形成的农田水利设施，陂塘与沟渠、农田共同构成的小型生态系统发挥着调节径流、净化水质的作用。生态塘床湿地系统利用水生植物群落的生态作用对水质进行处理，起到净化水质、美化环境的作用。陂塘塘床湿地生态系统即将传统的陂塘系统与生态塘床湿地系统进行结合。在陂塘系统中加入生态塘床湿地，在调节径流进行水土治理的同时发挥污水净化和生态景观功能。场地中收集的污水经过预处理后流入陂塘湿地，在陂塘湿地中经过湿地生态系统的净化后通过林中溪流流入汇水塘中，在塘中进行二次净化。净化后的水能汇入雨水管道或者供鱼塘使用。陂塘塘床湿地生态系统示意图如图 3.6-8 所示。

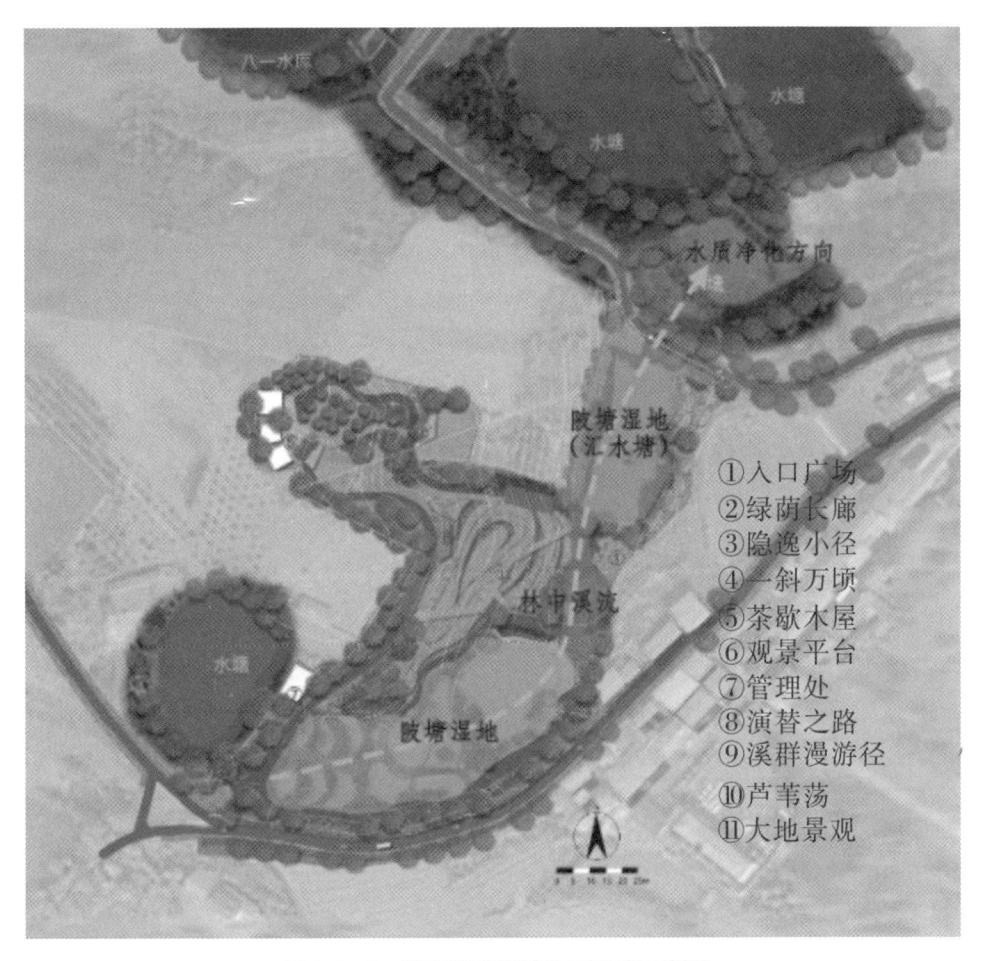

图 3.6-8 陂塘塘床湿地生态系统示意图

3. 水肥一体化灌溉智能管理系统

水肥一体化技术是集灌溉与施肥于一体的农业技术，一般借助压力系统或自然地形的落差，将肥料配兑成的肥液与灌溉水一起，通过可控管道系统供水供肥。水肥相融后，通过管道和滴头进行滴灌，均匀、定时、定量浸润作物根系。水肥一体化系统大多由水源工程、首部枢纽、田间输配水管网系统和灌水器等四部分组成，通过水泵、水肥一体机与管网系统、灌溉系统共同完成田间的灌溉工作。

场地中布置有两处水肥一体化灌溉枢纽，灌溉枢纽包括水泵、过滤器、压力和流量监测设备、压力保护装置、水肥一体机和自动化控制设备等装置。灌溉枢纽通过布设管网系统覆盖整个农业生产和果树种植区域，主管依附于场地中的木栈道布设，再通过支管将水肥运输到其他区域。场地中通过水肥一体化灌溉智能管理系统将生活垃圾、畜禽粪便处理后形成的生物有机肥和经过污水处理的水源用于农业生产的灌溉，减少了污水和畜禽粪便对环境的污染，避免在灌溉过程中造成水肥浪费，实现水土共治。水肥一体化灌溉智能管理系统示意图如图 3.6-9 所示。

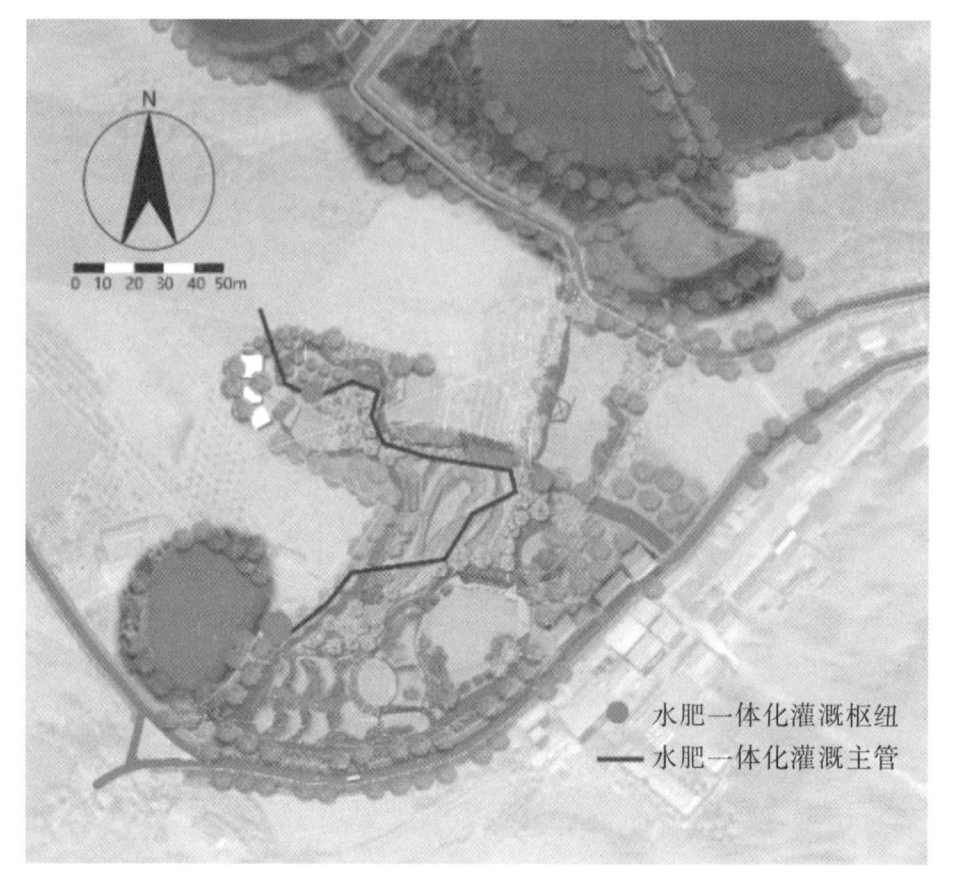

图3.6-9 水肥一体化灌溉智能管理系统示意图

### 3.6.1.5 项目效益

湖北省当阳市金塔村农业水源涵养科普示范区项目通过引入生活污水处理模式、陂塘塘床湿地生态系统、水肥一体化灌溉智能管理系统，实现了污染治理、水源涵养和水土修复，有效促进了生态农业产业的发展。水土共治下的产业结构得到优化，形成"旅游+N"的产业模式，以流域生态修复、田园生态旅游为基础，通过特色产业的导入，形成综合消费产业链。

在经济效益方面，该项目专注服务于当阳市农业及水产养殖业，带动金塔村农业和旅游业协同发展，扩大金塔村产业规模以形成农业供应链。除场地中种植的农产品和水产可直接销售外，还可以促进旅游业发展，开发建设农家乐等乡村旅游项目，带动第三产业的发展，帮助金塔村摆脱单一的产业结构，增加农户的经济收入。

在社会效益方面，通过支持金塔村农户参与生态农业建设，解决了当地农民劳动力闲置和外流的问题，吸引消费者采购绿色生态农产品。

在生态效益方面，农业废弃物得到直接利用，污水处理量与处理品质得到大幅提升，水肥灌溉用量可节省30%～50%，土壤微生物和有机质含量提高，水土涵养林与经济林增加了降雨截流量，带动农业减排和空气净化，创建绿色环保可持续发展的生态环境。项目盈利模式如图3.6-10所示。

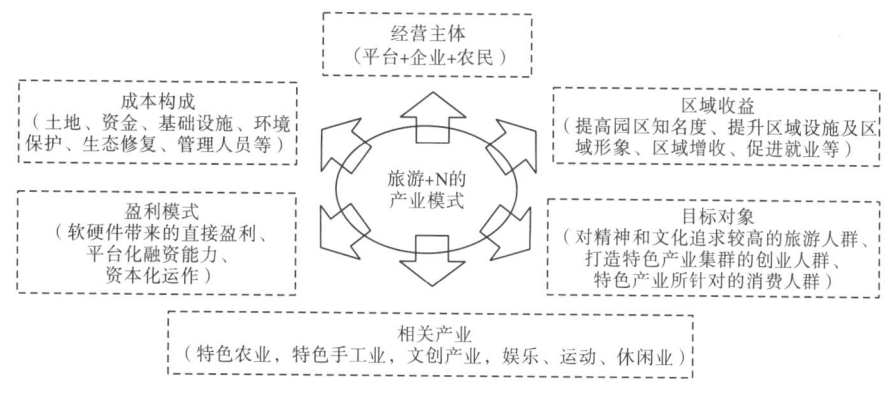

图 3.6-10 项目盈利模式

通过对乡村进行生态治理和土壤改良，乡村绿色产业得到发展。治水、保土的生态措施使当地生态环境得到改善，全方位提升旅游及居住环境，促进第一、第三产业的融合，推动了乡村的发展建设。

## 3.6.2 都匀·饶河人家国际生态文化旅游区十里竹廊项目

### 3.6.2.1 项目概况

项目位于黔南布依族苗族自治州都匀市洛邦镇，十里竹廊为该项目内山地运动拓展区的引擎项目。十里竹廊以饶河和竹林为景观主线，岸边木屋为映衬，游客可以漫游其中放松身心。通过十里竹廊的引导，游客进入场地内部，途经农业观光区、四君子园、竹林诗韵、竹林茅庐、山地运动区、竹林茶园等景观节点。项目现状示意图及鸟瞰图如图 3.6-11、图 3.6-12 所示。

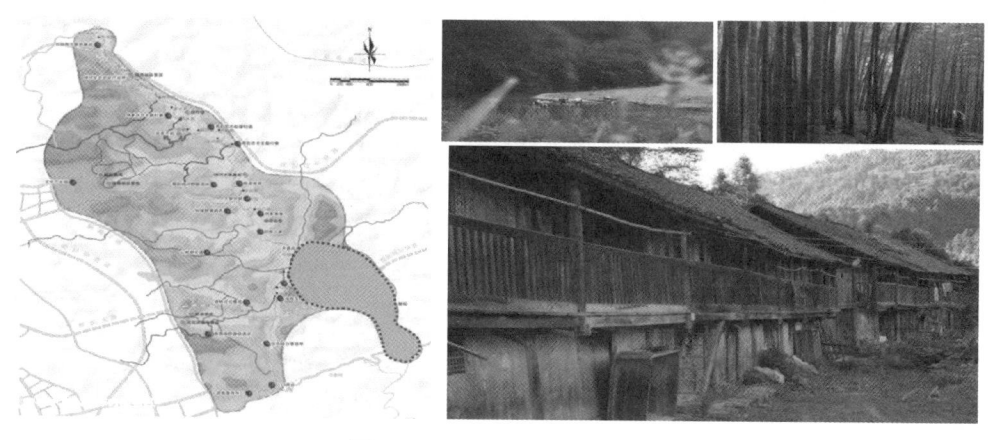

图 3.6-11 项目现状示意图

图 3.6-12　项目鸟瞰图

### 3.6.2.2　总体规划

1. 规划原则

项目秉持生态优先的原则,坚持走绿色健康且可持续发展道路,建设具有生态效益的乡村特色景观。在该项目的规划设计中,我们秉承以人为本、发展地域民族特点的设计理念,以场地原有环境为基础,坚持绿色经济的发展原则,将十里竹廊打造成现代娱乐与传统民族特色相融合的乡村生态旅游地。项目建设完成后,可提供避暑度假、民族文化展示、野外露营和竹筏漫游等服务,形成了三个主题,即"青翠十里""古朴茅庐""慢漂竹林"。项目总平面图如图 3.6-13 所示。

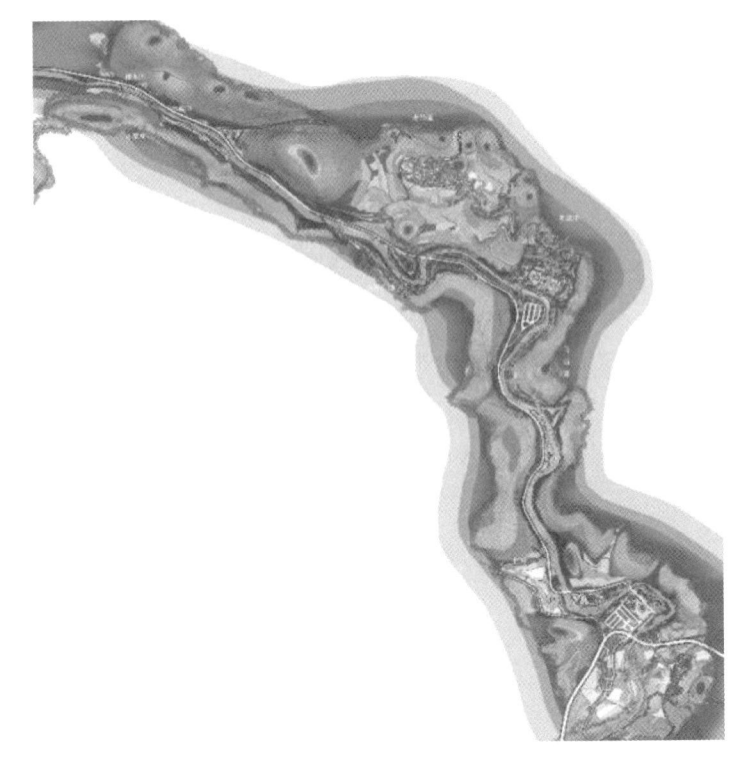

图 3.6-13　项目总平面图

## 第3章 乡村生态空间的健康化营造

2. 功能分区

整个项目根据原有地形地貌特色，分为入口区、核心景观区、山地运动区、骑马体验区和出口区，如图 3.6-14 所示。

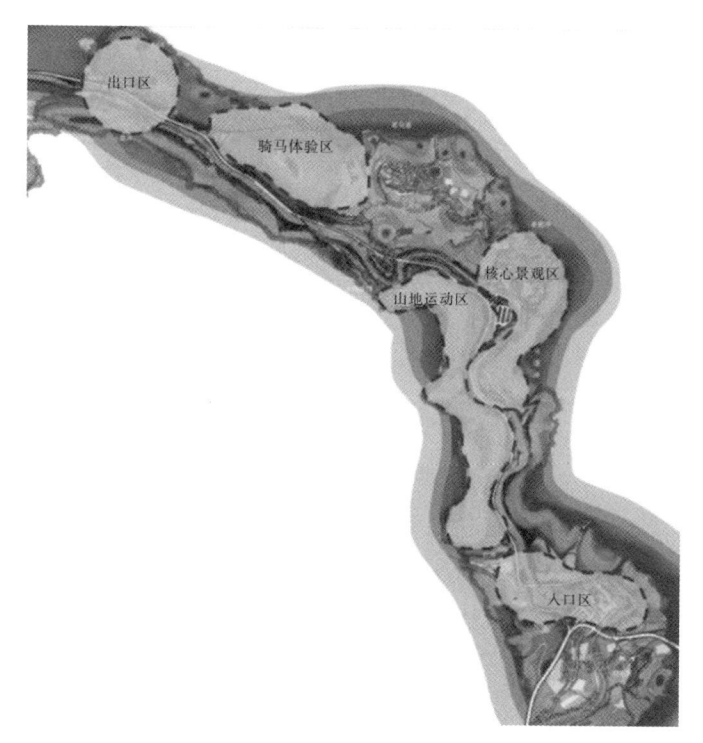

**图 3.6-14 项目功能分区**

入口区主要由服务接待中心和收漂码头构成，可提供竹筏慢漂、农业观光等服务。接待服务处为十里竹廊的入口，也是竹筏慢漂的起点。农业观光以园区的自然农田风光为主，设置了观光游步道及农田体验区。核心景观区为园区主要景观区，设置了竹林茅庐、桃园营地和竹林茶园三处景观节点。山地运动区与核心景观区隔河相对，建有特色户外活动场地，兼有四君子园和垂钓区两个景观节点。骑马体验区位于出口区附近，包含竹林小道和马道驿站。游客在竹林小道漫步，能切身体会竹林的平和静美。马道驿站为骑马体验区的入口，驿站中的马匹可供游人骑乘。出口区也是十里竹廊的出口，沿河设置。

### 3.6.2.3 乡土景观塑造

乡土特色是当地乡村旅游景观最直接的表达方式之一。乡土特色表现在许多方面，如景观的地域性、文化性等。在塑造乡土景观时，要充分将当地独特的乡土资源和材料融入地方文化，以保护和传承优秀传统文化。

1. 结合地形造景

地形是整个场地的基础，在项目的规划设计中首先需要考虑的就是地形是否需要进行综合性改造。在造景时，要合理地利用场地内现有的地形条件，因地制宜地营造出具有特色的景观空间。

该项目场地位于洛邦镇东郊的一个河谷地区,在打造生态旅游项目时,要顺应"沿河而居"这一特点,建设具有当地特色的滨河空间。整个项目的规划方向也提出要打造"生态饶河"这一水域景观空间。从保护生态的角度出发,水域空间需要考虑水质和驳岸的设计,以可持续发展为目标导向,将人为影响降至最低。项目将水域分为亲水区、玩水区和漂流区,构建一个生态与娱乐相结合的水域旅游空间。对于滨河岸线的设计,项目通过一系列景观节点和建筑的分散布局塑造和谐且具有韵律的滨水景观。项目地形如图 3.6－15 所示。

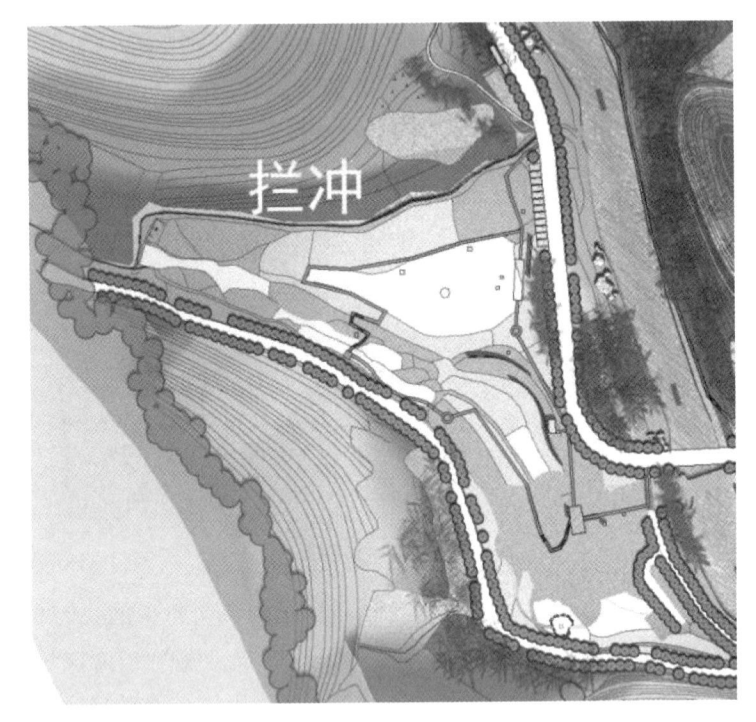

图 3.6－15　项目地形

2. 乡土植物搭配

乡村生态空间的景观营造要从乡土植物的搭配入手。在构建生态乡村旅游空间时,要考虑植物的乡土性和生态性,在广泛应用乡土植物的同时兼顾季相变化。

该项目所在地资源丰富,植物种类多且生长良好。该地区生态空间中的植物有乔灌木、草本植物、花卉植物、农作物等多个类型。建设具有特色的乡村旅游景观,需要根据当地的地形地貌和耕作方式,选择特色农作物进行植物搭配。而在其他景观植物的栽植配置上,可以通过孤植、丛植等种植方法合理营造植物景观。同时应该注重四季植物的搭配,丰富植物层次,形成良好的立面效果。通过不同叶色和叶形的搭配,形成丰富的景观效果。项目中划分了特色竹林观赏区、自然生态保护区和桃园观赏区。自然生态保护区和桃园观赏区主要选用广玉兰、桂花树、银杏树、桃树等乡土植物,而在竹林观赏区,可选用斑竹、方竹、毛竹、楠竹、紫竹等。

## 3. 民族文化特色

该项目所在地为多民族聚居地区，民族文化交融是该项目最大的特色之一，在旅游规划设计中应该着重表现当地的文化地域特色。一个地区的社会、经济、文化和风土人情的综合式呈现主要体现在当地的建筑上，我们可以通过乡土材料的应用在建筑外表面展现民族特色。建筑规划设计本土化是构建乡村旅游景观的关键，设计时应遵循当地传统建筑的形式，突出最具地域特色的建筑元素，展现民族文化特色。项目通过将饶家布艺图纹抽象到入口景区铺装来体现民族特色，在场地内部建筑的构造上多选用乡土材料，如图3.6-16所示。项目充分提取当地民居的传统建筑形象及元素，构建出具有当地特色的建筑和景观。

**图 3.6-16　饶家布艺图纹**

### 3.6.2.4　专项设计

#### 1. 生态滨河空间

饶河贯穿了整个景观，因此对于水域的处理是必不可少的。出于对实用性和安全性的考虑，需要优化河流断面和生态驳岸。

（1）河流断面。

为了满足水利安全的需要，在河流断面处需要设置深浅不同的水域，既要保证游客的游玩安全，又要满足游客的亲水需要。项目根据河流断面水位设置台阶，在台阶两侧栽培湿生植物（如水松、水杉、垂柳等），这样做既保护了生态，又满足了景观美学的需要。

（2）生态驳岸。

驳岸是水系廊道生态规划设计的重点。乡村旅游景区中河道的改造一般可采取生态驳岸的做法。在对乡村旅游景区进行规划设计时，一般采用人工自然驳岸，除了在驳岸种植植被以满足生态和景观的需要，还可以利用石材、木材等天然材料加固岸底来满足水利安全的需求。

该项目多处涉及驳岸的设计。驳岸分为沙滩驳岸、卵石滩驳岸、护坡驳岸、亲水台阶驳岸和自然驳岸。生态驳岸剖面图如图3.6-17所示。

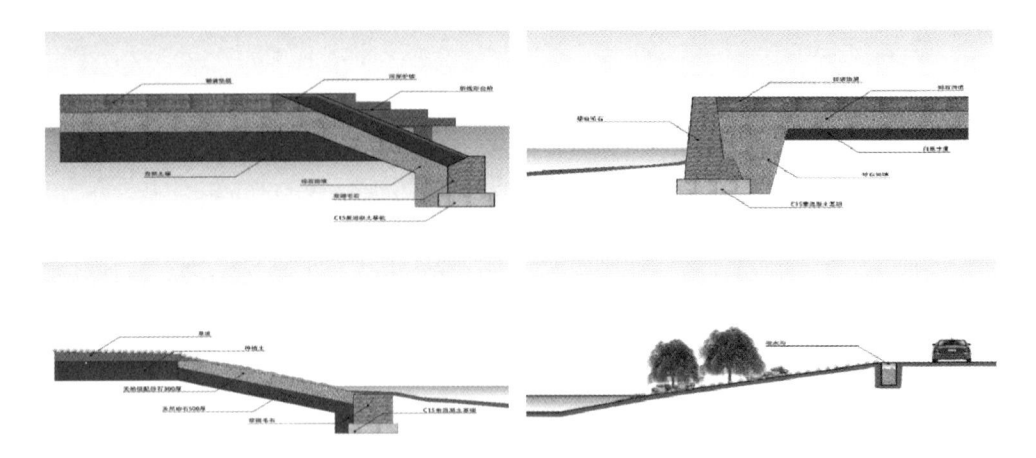

图 3.6-17　生态驳岸剖面图

### 2. 道路交通系统

道路交通系统不但能为游客提供景区内的游览路线，还可以供村民日常使用，同时能够串联起乡村生态空间内部的斑块和廊道，是整个乡村景区的基本骨架。科学合理地规划道路交通系统不仅能够使整个景区井然有序，还能给游客提供最大的便捷。在进行景区内道路交通的规划时需要注意对乡村生境的影响，维持乡村生态平衡，在建造时需要做到生态化和景观化的统一。在此项目中道路可分为汽车与自行车道、游步道，游步道又可分为木栈道和马道。在进行道路规划时需要对整个场地的地形地貌进行评估和分析，选择合适的地方开设道路，避开环境敏感区域，将保护自然环境放在首位，尽量保护现有的生态空间和用地，减少道路建设等刚性材料对环境的破坏，使用当地的特色材料构建生态性的廊道，在保证通行的基本前提下，保障生物生境中斑块的连接度和生物迁徙的正常生命活动。项目中设置的游步道系统可以引导游客按线路游览景点，避免游客破坏乡村生态空间，木栈道和马道的设置则增加了场地内部游览的趣味性。项目道路交通系统示意图如图 3.6-18 所示。

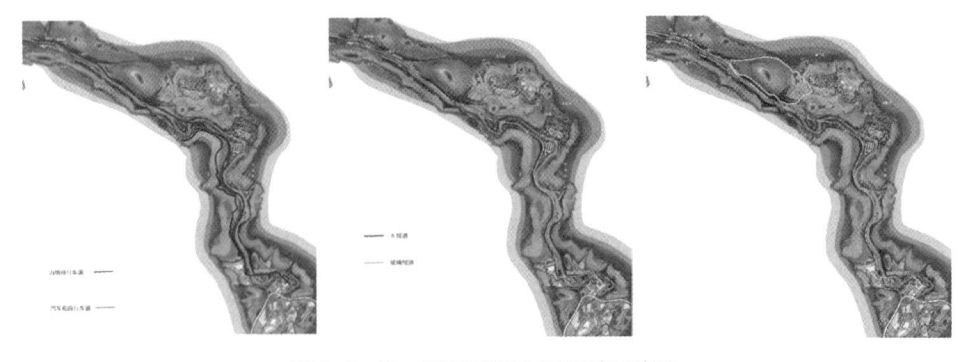

图 3.6-18　项目道路交通系统示意图

### 3. 特色农业观光

农田景观往往是最能体现乡土特色的景观，是经过农民长期改造自然形成的结果。

该项目设置农业观光区，为的是让游客感受到浓厚的民族乡土气息。

（1）空间设置。

①延续农田肌理：由乡村农作物构建的乡村田园景观就是一种生态化的景观，是乡村生产、生态的最佳展现方式，还能展现出不同的地域文化特色。

②利用地形的不同：在不同地形种植不同的农作物在构图上可以形成不同的景观。开阔的平原可以大面积种植颜色相同的农作物，在保证农田空间生态平衡的同时，充分利用美学中的构成、色彩以及质感原理，人为形成一定的艺术构图，提供具有美感的多元化游憩空间；在山区（如云阳梯田）形成的景观构图和平原形成的景观构图大不一样，不同的地形具有不同的美感。

（2）植物配置。

①丰富的植物种类：乡村农田景观由于具有旅游观赏价值，所以在种植农作物时应尽量选择具有观赏价值的品种。

②利用植物的季相变化：为了丰富农田景观，增强观赏效果，应根据农作物的生长习性和季相变化来种植，在不同阶段呈现不同的景观效果，吸引游客驻足游赏。

植物配置示意图如图3.6-19所示。

图3.6-19 植物配置示意图

## 3.6.3 贾家镇悠然田园农庄景观提升改造项目

### 3.6.3.1 项目概况

悠然田园农庄位于成都市贾家镇麦地村，东来桃源景区的核心位置，毗邻成简快速路连接线，距成简快速路出口直线距离约450米。悠然田园农庄背靠悠然田园林盘，与建成的菠萝村综合体隔路相望,是东来桃源景区的重要景观节点,承担着景区的配套服务功能。

项目整个场地具有良好的生态基础和丰富的自然资源。场地周围山、水、林、田、民居交错,场地红线范围内以田园、林地、水塘、民居为主,整体环境呈现出河田谷地围绕、山环水抱的特点。项目场地示意图如图3.6-20所示。

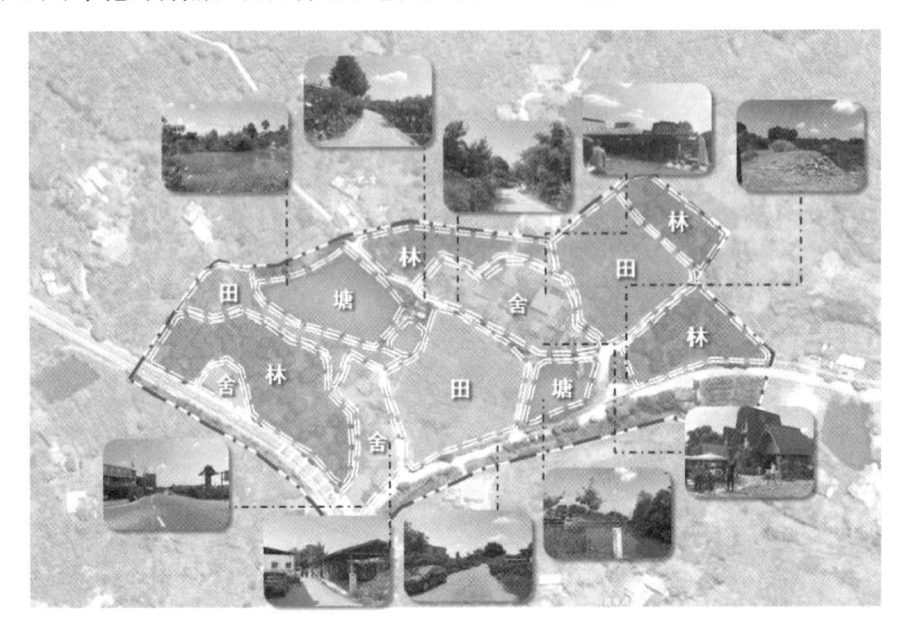

图 3.6-20 项目场地示意图

总体而言,项目区域内林地植被茂盛、生态环境良好、水资源丰富,具有良好的生态效果和景观效果。因此,该项目依托丰富的生态景观资源,科学合理地利用现有的生态林地,尽量维持原有植被条件,在此基础上完善项目的植物景观与休闲活动功能,改善道路生态环境。同时,通过植物景观和建筑景观的营造突出项目的乡土特色,实现乡村生态建设的可持续发展。

### 3.6.3.2 设计理念

项目在设计上充分体现以人为本的理念,让游客能亲近自然,体验原始生态野趣。在设计时因地制宜地保留现有乡村生态景观,并对乡村整体生态环境和景观环境进行提升。在满足生态功能要求的同时,完善乡村旅游服务设施的建设,增加游廊的便捷性,突出景区林盘文化、自然野趣和生态风光。项目采用"乡村旅游+农业观光"的发展模式,再现自然纹理、田园风光和乡土文化。项目通过细化节点、补充功能、梳理绿化、统一景观,形成独具特色的山水赏花休闲绿廊,在保护乡村生态环境的基础上,营造具有景观氛围和当地特色的乡村生态景观。项目平面图如图3.6-21所示。

第 3 章 乡村生态空间的健康化营造

图 3.6-21　项目平面图

### 3.6.3.3　生态设计

1. 植物设计

植物在乡村生态空间中发挥着重要的生态作用。合理的植物配置不仅可以实现生态效益的最大化，还能营造出具有乡土特色和自然野趣的植物景观。

在该项目中，植物配置采用少破坏、精点缀的方法，在保留已有山林资源的基础上，对道路两侧行道树进行补种，局部点位采用彩叶树进行点缀，地被植物保持自然形态，尽量避免人工修剪，突出自然野趣的特点。在植物的选择上，尽量种植能够迅速适应当地的自然环境条件、根系发达，具有良好生态效益和景观效果的植物。通过对植物配置的统一规划，使场地内的植物景观整体风格统一，而在局部的植物景观之中又富有变化，遵循多样统一、对称平衡、对比协调等美学规律，营造兼具生态和景观效果的乡土特色植物景观。为了丰富环境色彩，遵循以常绿植物为主，局部点缀开花植物的原则；考虑到季相变化，可以种植季节性观叶、观花植被，达到四季皆有景可赏的效果；竖向上通过栽植乔木、灌木、地被植物，使景观层次丰富。在具体的植物选择上，我们可以选取栾树、银杏树、桂花树、柳树作为主要乔木，月季石榴、紫薇、象牙红作为主要观花小乔；在灌木及地被植物方面，选择波斯菊、满天星、芦苇、肾蕨、西南绣球、五叶地锦、鼠尾草等植物，种植密度以不见裸土为准。除此之外，还可以针对场地内现状，从以下四个方面对植被进行修复和改造，营造乡土生态植物景观：第一，对田边、塘边的边坡植被进行修复；第二，对路边土坡挡墙的植被进行提升或者重建；第三，对道路两侧上层乔木进行补种；第四，对中层和下层花乔及灌木进行彩化改造。项目植物设计如图 3.6-22 所示。

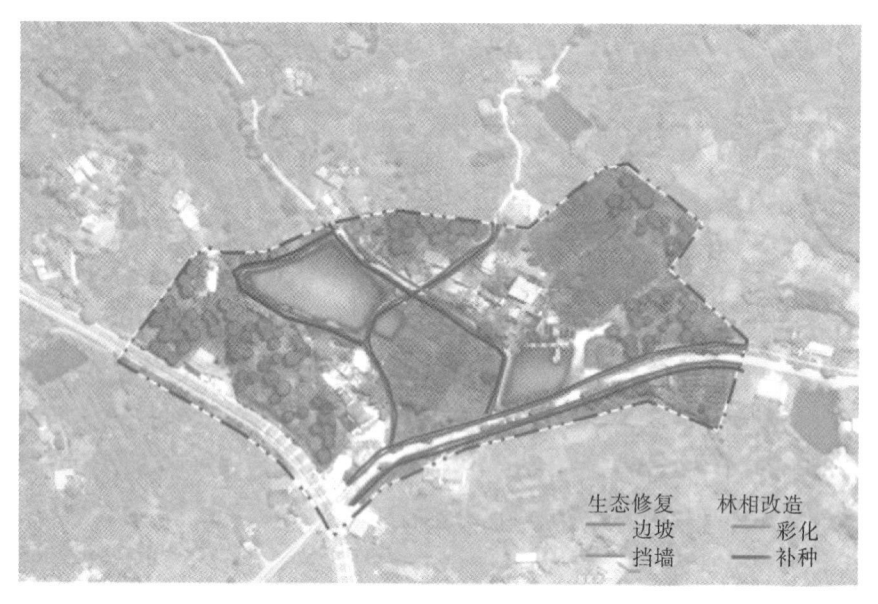

图 3.6－22　项目植物设计

2. 道路边坡设计

我们对道路两侧现有的乔木进行筛选，在保留原有乔木品种的前提下，淘汰枯死和品相不好的乔木并进行补种，同时对部分未种植行道树的路段进行补种，在恢复道路景观统一性和观赏性的同时也发挥了行道树防尘降噪的功能。同时，选用开花乔木在道路两侧中下层局部位置进行色彩点缀，丰富植物景观效果。在道路边坡处选用地被植物（如麦冬、百脉根、波斯菊等）进行生态修复，既能遮挡裸露的泥土，又能提升整体形象。同时，对部分毛石挡墙进行美化提升，在保留乡土气息的同时提升其景观价值。项目道路及边坡设计如图 3.6－23 所示。

图 3.6－23　项目道路及边坡设计

## 3. 水岸边坡设计

我们在水岸边坡的处理上可栽种亲水植物（如芦苇、垂柳、睡莲、香蒲等），弱化现有的露土池塘，丰富水岸景观，将生态与景观融为一体。同时，对原有生态和景观效果不佳的水塘边坡进行改造，使水岸既有良好的生态效益，又有丰富的景观效果，营造滨水自然生态景观空间。项目水岸边坡设计如图3.6-24所示。

图 3.6-24　项目水岸边坡设计

## 4. 乡土气息营造

传统的川西林盘具有"丘顶林、丘中居、丘底田、丘底塘"的地形特征，因此悠然田园农庄的设计充分考虑川西林盘的特点，突出地形特色、自然景观特色和乡土特色，依据丘、林、坝、田、塘营造生态空间，融合当地传统的聚落模式打造乡村生态旅游农庄，创造和谐自然的乡村生态景观。项目林盘现状和林盘空间营造模式如图3.6-25、图3.6-26所示。

图 3.6-25　项目林盘现状

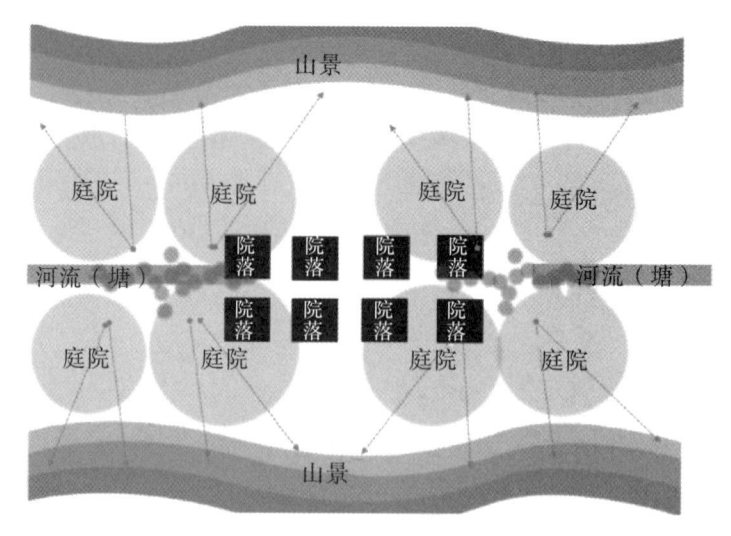

图 3.6-26　项目林盘空间营造模式

# 第4章 乡村生活空间的健康化营造

## 4.1 乡村生活空间概述

### 4.1.1 乡村生活空间的定义

美丽乡村建设离不开乡村"三生空间"的发展，党的十八大报告提出"促进生产空间集约高效、生活空间宜居适度、生态空间山清水秀"的要求，为"三生空间"的优化指明了方向。要想营造宜居的乡村生活空间，我们首先需要明确乡村生活空间的定义。大部分学者将乡村生活空间定义为承载乡村居民日常生活行为的场所与空间，是乡村居民居住、休闲、康养、社交、消费以及各种公共服务活动的多层次空间聚合体，也是一定地域的空间形式。同时，乡村生活空间也是乡村社会空间的重要组成部分。乡村社会空间的产生来源于人的广义社会行为，涵盖了社会、政治、经济、人文等多个维度，体现在乡村生产消费、组织管理等日常生活的方方面面[1]。

### 4.1.2 乡村生活空间的区分

生活空间是人们日常生活所使用的空间与场所，也有人认为事物的存在必须要占用一定的空间，因此生活空间也可以理解为被各类日常活动所占用的空间[2]。那么，如何区分日常活动呢？不同的学者有不同的定义和见解。1973年，法国哲学家和城市社会学家亨利·列斐伏尔提出"（社会的）空间是（社会的）产物"[3]，人们的日常生活需要在居住地、消费场所、工作场所以及公共娱乐场所之间移动，这些日常活动所占据的空间就是生活空间。而日常生活是琐碎的，所以日常生活的概念和界限并不精确也不够清晰，需要对个体元素和社会元素进行重新整合。结合社会现实情况和相关研究，日常生活应包括两个判断标准：①日常生活具有普遍性，其行为主体是普通大众；②日常生活应具有常态，是每日重复的生活方式而不是偶然性事件。

这两个判断标准可以帮助我们提高对乡村"三生空间"中生活空间的辨识能力。乡村空间在功能上具有复合性，"三生"仅代表其所在空间的主导功能，并非全部功能。

---

[1] 李红波，胡晓亮，张小林，等. 乡村空间辨析 [J]. 地理科学进展，2018，37（5）：591-600.
[2] 庞欢欢. 社会演化视角下乡村社区生活空间的重构策略研究 [D]. 西安：长安大学，2013.
[3] 潘可礼. 亨利·列斐伏尔的社会空间理论 [J]. 南京师大学报（社会科学版），2015（1）：13-20.

乡村空间由于区域立场不同，同一用地空间也可具有多种空间属性。另外，乡村空间在范围上具有动态性，如果我们从固定的空间范围来看，这三类空间会呈现出一种此消彼长的空间关系。同时，乡村空间在空间尺度上具有差异性，对于不同层级的城乡规划空间尺度，"三生空间"的主要对象会有部分差异[①]。在不同的区域空间范围内，"三生空间"所包含的用地内容是不同的。在农村，生活空间主要指农村居民用地，包括但不限于村民住宅用地、公共服务设施用地、商业设施用地等。

### 4.1.3 乡村生活空间的组成

乡村生活空间主要由乡村居民日常生活所需的各类空间组成，包括围绕着食、住、行等基本生活需求所展开的行为活动（如家务劳动、运动健身、沟通交流等）。根据空间承载的主要行为活动对乡村生活空间进行划分，可以将其分为六个子空间，即乡村居住空间、乡村劳作空间、乡村休闲与交往空间、乡村文化空间、乡村公共服务空间、乡村消费空间。其中，乡村居住空间是乡村居民日常生活所占用的空间，其空间中发生的行为是乡村居民生活行为的核心内容，乡村劳作空间和乡村公共服务空间是保障乡村居民生活正常开展的场所[②]，而乡村休闲与交往空间、乡村文化空间和乡村消费空间则是乡村居民进行内部交流或与外部沟通的主要场所。

#### 4.1.3.1 乡村居住空间

居住空间在城市空间中指卧室、起居室的使用空间。对乡村居住空间而言，则是指由人们多种居住活动所需的场所整合构成的空间系统。从广义上来讲，人类的生产生活不仅形成、改造着居住空间，也受到居住空间潜移默化的影响。换言之，居住空间与人类行为之间存在着一种相互影响、相互作用的关系。人类的社会活动创造、改变着居住空间，居住空间又是人类存在和活动的物质承载，居住者和邻里的行为与观念能够互相影响甚至改变二者之间的居住空间，引导双方的价值观和行为。我国大部分农村居住空间从村庄在空间上的布局以及村庄与周边田地的相互关系表现出聚落的空间形态。乡村居住空间在大的聚落形态下以庭院作为单元空间，门与户自然成为院与内外相接的出入口，庭院与庭院之间的连接形成巷，多条巷联系起来就形成了街。由此可见，乡村居住空间是由多种空间组合形成的复合空间系统。此系统中的空间可以分为以下几种：①宅边空间，指农村住宅周边的空间，是农户与外界联系最为紧密的空间，可分为道路、空地、田地、水系等；②院门空间，作为连接外部人员进入住宅内的主要通道，承担着交通功能；③院落空间，我国传统的民居形态，是住宅内部空间的交汇点，具有较多的功能；④起居空间，指人们日常居住的空间，一般属于半私密或私密性质的空间；⑤附属空间，指院落中其他的功能空间，如厨房、厕所、储藏室、禽舍等。虽然我国大部分地区的乡村居住空间以聚落的空间形态为主，但在不同类型的地区，空间的形态也存在着较为显著的差异。乡村居住空间如图4.1-1所示。

---

① 崀万泰，王力国，舒沐晖. 城乡规划编制中的"三生空间"划定思考[J]. 城市规划，2016，40（5）：21—26，53.

② 石好为. 新型城镇化背景下苏南乡村生活空间优化研究[D]. 苏州：苏州科技大院，2015.

图 4.1-1　乡村居住空间

#### 4.1.3.2　乡村劳作空间

乡村劳作空间主要指乡村居民未脱离生活的劳作活动所使用的空间，如庭院种植与养殖、家庭作坊劳作、家务劳动等。这类活动与生产性劳作活动不同，其所依赖的空间在功能上以生活空间为主体。我国以丘陵及山地地形为主的地区，乡村生活空间中的劳作空间主要用于鸡、鸭、鹅等家禽的喂养以及一些生活劳动，而乡村居民从事生产性劳作的耕种土地因受到地理条件限制，往往与居住空间有一段距离。在地势平坦的地区，乡村劳作空间通常依附于居住空间，两者相互渗透、交织，与日常生活密不可分。乡村劳作空间如图 4.2-2 所示。

图 4.1-2　乡村劳作空间

#### 4.1.3.3 乡村休闲与交往空间

乡村的社会生活主要是指乡村居民的精神交流活动以及与之相关的集体活动、公共活动等，是乡村内部成员之间以及乡村居民与乡村外部社会交流的集中体现。任何能够为人们提供休息、交流、集会等各种室内及室外活动的空间，都可以称为休闲与交往空间。乡村居民的休息、交流和娱乐活动往往发生在同一空间中，这类空间通常是在具备其主要功能的同时又承载着村民临时驻足闲谈和休闲活动的多种功能。由于休闲和交往活动通常带有一定的自发性，其发生时间和地点都具有偶然性。乡村中许多空间都具有休闲和交往的属性，如房檐屋前是传统村落居民用来打发时间的交流场所，三五成群，搬几个小凳子，支一张小桌子，聊天、下棋、喝茶、乘凉的场景在这里上演，时间和天气成为影响这一空间使用的主要因素。传统村落的交流活动空间多为街、巷、池塘、水井和桥头等地。而现代村落中，村民的日常交往活动则多在广场上进行。乡村休闲与交往空间如图4.1-3所示。

图4.1-3 乡村休闲与交往空间

#### 4.1.3.4 乡村文化空间

乡村文化是乡村居民在农业生产与生活实践中逐步形成并发展起来的道德情感、社会心理、风俗习惯、行为方式等，表现为民俗民风、物质生活与行为等，反映了乡村居民的处事原则、人生理想及对社会的认知模式，是乡村居民赖以生存的精神依托和意义所在。乡村文化一方面反映了乡村居民的价值观念，另一方面体现了乡村居民的文化素质和交往方式等。乡村文化空间是文化与空间的结合，也可以称为文化场所，常表现出宗族性、多元性、庄严性及娱乐性，部分也具有季节性、周期性和时代性等文化属性。乡村文化空间主要是指乡村中祠堂、祖庙、古树、古迹等的所在地。这类空间见证着乡村的历史变迁，承载着乡村居民共同的记忆，同时也反映和体现着乡村文化。此类空间对于不同的村落而言有不同的空间，如汉族用于祀龙祈雨等仪式活动的龙王庙、侗族用于唱歌跳舞的木制鼓楼等。通常情况下，这类文化空间是村庄内宗法制度的重要组成部分。在我国封建社会，乡村居民受到传统宗法制度和社会制度的约束，其生产生活行为受到影响。新中国成立后，传统宗法制度对村民的约束力已经逐步减弱，但它仍以精神文化的状态存在，并继续影响着村民的生产生活。乡村文化空间如图4.1-4所示。

图4.1-4 乡村文化空间

### 4.1.3.5 乡村公共服务空间

广义上的公共服务是指主要由政府部门提供的公共产品，包括行政管理、教育、医疗、文化体育等公共事业，为公众参与文化、政治、经济活动提供有效的保障，具有非竞争性和非排他性的特征，即满足社会公共需求和供全体公民共同消费与平等享用。公共服务应具有保障全体公民生存的基本需求、满足基本健康需求、满足基本尊严和"基本能力"需要这三个特征。农村的公共服务需要包含乡村居民日常生活所需的教育服务、医疗卫生服务、基本健康保障和商业服务，也包含如旅游业等其他相关产业配套的服务。乡村公共服务空间就是承载上述各种服务行为活动的生活空间，是公共服务设施为满足乡村居民生活需求提供服务的空间。长期以来，我国的发展主要集中在城市建设上，乡村公共服务设施建设起步较晚，与城市相比服务水平存在差异。乡村的公共服务设施按照相关划分标准可以分为医疗卫生、行政管理、文体娱乐、教育、商贸金融五类[①]，由于自然条件、区位情况、基础设施不同，部分自发形成的场所往往在其他生活空间中分散穿插，如修鞋、理发等零碎的服务空间。在相关配置标准和政府的统筹规划、合理布局下，也有范围较为完整、相对集中的公共服务空间，如乡村综合服务处、村委会等。乡村公共服务空间如图 4.1-5 所示。

图 4.1-5 乡村公共服务空间

### 4.1.3.6 乡村消费空间

乡村消费空间和休闲与交往空间类似，没有特定的区域划分，只要有物品交换的行为发生，其所处的场所便承担了消费空间的作用。如邻里之间的物品互换，这一行为就发生在各自的居住空间附近，此处便可以成为消费空间。在计划经济时期，村民用劳作换取的粮票、肉票去乡村集市、供销社等购买商品；市场经济出现后，小卖部、村民自发经营的商店成为主要的消费空间。现如今，在国家政策的鼓励下，大量的城市资本进入乡村，各类新型乡村产业（如观光农业、休闲度假旅游等）兴起，加快了乡村地方消费空间的转型，形成了新型消费空间。现代乡村消费空间在满足乡村居民日常消费的前提下，主要面向城市居民提供具有乡土特色的产品，以满足游客对乡村生活的想象和向往。乡村消费空间如图 4.1-6 所示。

---

① 方雪，沈山，林立伟. 农村社区公共服务设施配置探讨——以江苏省邳州市港上镇前湖村为例[J]. 安徽行政学院学报，2010，6（2）：38-42.

图 4.1-6 乡村消费空间

## 4.2 乡村生活空间现状

### 4.2.1 国内外乡村生活空间研究现状

我们对乡村生活空间的研究最早可以追溯到 20 世纪初，国内外对乡村生活空间的研究重点和方向也有一定的区别。

#### 4.2.1.1 国外乡村生活空间研究现状

20 世纪 40 年代以前，国外学者主要侧重研究关于农村聚落的居住空间问题；到了 70 年代，由于"逆城市化"的兴起，人们对乡村生活空间的关注度提升，此时主要研究城乡关系、人口迁移和社区发展的问题；进入 21 世纪以后，乡村生活空间其他方面的研究得到了人们的重视。发达国家较早出现"逆城市化"现象，国外学者主要对乡村地域效应、乡村空间关系和乡村生活主体等方面开展研究工作[①]。

乡村生活的主体是指在乡村范围内生活的居民。乡村居民的日常生活既是对乡村生活空间的消费和使用，也是对乡村生活空间的重组。由于部分学者认为乡村绅士化是推进乡村转型的重要力量，因此中产阶级为了摆脱枯燥乏味的城市生活从城市中迁居乡村，城市退休人员也在乡村中打造自己的"第二住宅"。与此同时，乡村中以年轻人为主的人口向城市迁移，乡村生活主体结构发生了巨大的变化。大量城市人口涌入乡村，他们按照自己的需求和想象在自然环境、住房等领域对乡村生活空间进行重构，打破乡村空间的均质化格局。国外的乡村地域在乡村多元化的主体和外部环境等条件的影响下，已从生产性空间转型为后生产性空间或多功能性空间，催生出特色迥异的"差异化乡村"，可概括为保留的乡村、竞争的乡村、世袭的领地和依附的乡村四种类型。他们在对乡村进行功能的改变和空间重构的同时，也打破了乡村原本那一分恬静、优美，对和谐、本真的人文环境造成了巨大的冲击。

#### 4.2.1.2 国内乡村生活空间研究现状

国内对乡村生活空间的研究从20世纪20年代开始，经历了探索、停滞、复兴、快速发展四个时期，每个时期研究的内容和重点都是依据当时的国情进行的。从研究的内容来看，我国学者比较注重对村民居住空间和就业空间变化的研究，对乡村消费空间和休闲空间的研究较少；从研究方法来看，较为注重空间形式的实证分析，对空间的内涵结构分析与空间意义的人本分析则有待深化。

新中国成立前，国内社会环境动荡，众多学者为了寻求救国之法纷纷投入对乡村生活空间的研究中，他们中大部分认为欲救中国，必先救全中国农民。欲改造中国，必先改造全中国农村社会，救国的根本在于恢复贫弱的乡村。基于此，部分学者在调查了乡村生活空间现状的基础上，提出了两个建设方向：一是经济建设，二是教育建设。卢作孚作为经济建设派的支持者，提出了"北碚模式"，即通过建设、和平的方式把一个落后的乡村社会改造成先进的社会。现在看来，"北碚模式"是成功的，它成功地通过没有流血、没有暴力的现代化改造实验，发展建设了乡村社会。而教育建设模式主张通过教育的方式，潜移默化地改变村民的思想观念。新中国成立后到改革开放前，中国乡村的政治面貌发生了巨大的变化，对中国传统的乡村生活空间产生了巨大影响。这一阶段，学者主要研究的是乡村生活和消费的变革，有关乡村生活空间的研究被搁置。改革开放后，随着农村改革的深入，城市化进程加快，改变了乡村的经济结构，使人们越来越关注乡村相关问题的研究，学者开始对乡村居民的生活行为进行较为深入的研究。

2000年以来，随着我国城镇化的高速发展，关于乡村生活空间的研究也进入了快速发展时期。乡村生活空间的研究领域也开始增多，不仅关注热议的城镇化和全球化背景下的乡村空间重构，也开始关注乡村生活空间，其研究的主要内容包括聚落—居住空间、产业—就业空间、交易—消费空间、交往-休闲空间等，以下是近年来关于乡村生活空间的子空间的研究总结。

---

① 余斌, 卢燕, 曾菊新, 等. 乡村生活空间研究进展及展望[J]. 地理科学, 2017, 37(3): 375-385.

## 1. 居住空间的多元化

居住空间作为乡村居民日常生活中最主要的场所，其空间形式的变化受到聚落空间变化的影响。从宏观层面上看，我国乡村聚落空间变化的总体趋势为空间稀疏化与空间密集化共存。从外部形式上看，村落表现出规模增大但数量减少的趋势，其密度变化差异较为明显，现今村落布局多以带状的线性村落为主要模式。聚落空间的演变早期受地形地貌等自然环境要素的影响，近年来，随着社会的高速发展，交通区位条件、经济发展和土地利用率等人文要素的影响成为主要驱动力。现代学者主要研究中国乡村聚落空间呈现的不同布局形式。周国华等认为，中国农村聚居空间将呈现出聚居体系网络化、聚居区位设施依附化、聚居规模合理化、聚居形态集约均衡化、聚居功能异质多样化、聚居地域特色保护理性化、聚居环境综合生态化的一般态势[①]。同时，乡村异化、超级村庄的崛起和村庄衰败的蔓延同时存在，乡村衰败特别是空心村也是研究的热点问题之一。

## 2. 消费空间的城镇化

随着工业化和城镇化的发展，乡村居民的消费水平和消费环境都发生了巨大的变化，乡村居民的消费逐步从原来的生产型消费转变为生活型消费，产品消费比例下降，服务消费比例增加，乡村居民的消费发展已经摆脱了传统"基层市场社区"的束缚，新的乡村消费空间正在架构。黄莘绒等围绕乡村居民消费空间开展研究，发现部分村落消费空间蔓延至虚拟的网络空间，乡村居民的消费空间逐步消失，新消费空间的形成将受到政治、经济、文化等多方面因素的影响[②]。

## 3. 公共服务空间的再造

乡村公共服务空间是乡村居民日常交流的重要场所，涉及乡村居民生活等诸多方面，对改善乡村居民的生活和维持乡村的稳定发展具有重要意义。乡村公共服务空间以承载村民的日常交往和公共活动为主，同时还承担乡村民俗节庆、婚丧嫁娶等仪式活动。改革开放以来，由于乡村居民观念的转变，乡村公共文化空间开始萎缩，相关的问题也开始引起人们的关注。城乡差异化的减少和乡村居民日益增长的物质文化需求，促使公共服务空间加强配套和现代化建设，部分传统空间需要功能的活化与创新，进而提升乡村公共空间的活力。

## 4. 休闲交往空间的虚拟化

在城市发展中，我们比较注重居民休闲娱乐空间规划，但在部分地区却存在居民休闲品味不够、休闲渠道不宽、休闲观念滞后等问题。随着移动通信和互联网的快速发展，对通信交流及基础类型网络的应用，乡村居民的娱乐休闲空间开始向虚拟化发展，产生了三种基本的空间形态：第一种是传统社会的在场空间，在部分经济发展水平较为

---

[①] 周国华，贺艳华，唐承丽，等. 中国农村聚居演变的驱动机制及态势分析[J]. 地理学报，2011，66（4）：515—524.

[②] 黄莘绒，李红波，胡昊宇. 乡村居民消费空间的特征及其影响机制——以南京"五朵金花"为例[J]. 地域研究与开发，2018，37（4）：162—167.

落后的地区,网络技术还处在一个较低的水平,人们休闲交往的生活空间还是未网络化的传统空间形态;第二种是在场的网络空间,是指村民已经进入了网络空间并且以真实的身份在特定环境中为了寻求实际的利益或者目标而开展的社交活动,如各种家人群、同学群等;第三种是缺场的网络空间,是指将自己的真实身份进行隐藏,参与的网络休闲活动[1]。当前,我们可以借助新媒体及互联网,推动乡村休闲产业的发展和娱乐空间的构建。

### 4.2.2 我国乡村生活空间存在的主要问题

#### 4.2.2.1 空心村落的蔓延引起乡村衰败

随着工业化和城镇化进程的加快,大量乡村人口从农业转移到工业、从乡村走向城市。这种情况的出现并未使乡村社会的传统结构和文化彻底消失,反而产生了新的适应力,进而在社区的基础上出现了一种以非农社会经济结构为主体的超级村庄[2]。形成超级村庄后,大量的农村人口转移至超级村庄,导致其他小村庄房屋废弃、土地闲置,乡村的经济体系整体衰退,出现具有土地空心化、人口空心化、产业空心化和基础设施空心化等特征的空心村[3]。随着经济的发展,乡村中掀起了盖新房的热潮,批建新房不拆除旧房的现象时有发生,导致村庄急速向外扩张,但村庄内部的旧房无人居住,这也是空心村出现的原因之一。空心村的出现一是浪费了有限的土地资源,村内的耕地被修建的房屋占用;二是破坏了农村原有的景观结构,给道路系统、给排水系统等基础设施的铺设增加了难度,难以按照设计规划实施;三是构成了安全隐患,村中心留下来的房屋大都时间久远,多数破败且无人管理,当自然灾害发生时,很容易发生倒塌、坠落事故。空心村限制了村庄的良性发展,乡村生活空间也将受到影响。

#### 4.2.2.2 乡村生活空间范围剧增导致生态问题出现

乡村生活空间本身具有不同于城市生活空间的魅力,良好的自然生态环境在乡村生活空间的健康发展中起到至关重要的作用,是居民生活的本底。传统乡村生活空间一般用于居住和养殖、种植,随着乡村旅游业的发展,乡村生活空间被大规模开发,原有的自然环境被破坏,对生态健康构成了较大的威胁。同时,生活垃圾、生活污水已然成为影响乡村生活空间环境的主要因素。

#### 4.2.2.3 乡村公共空间的同质化

由于乡村数量多且设计周期较短,乡村的公共建设在设计过程中缺乏充分的考察调研,导致设计结果往往不尽如人意,空间形式规整呆板,且这种规划设计常被当作范式在多数村庄进行复制。此外,一些文化景观和文化符号的改变和换用导致公共空间缺失了传统的文化特色,与本地的地域文化特征不符,致使乡村文化的特征逐渐趋于统一化。

---

[1] 董运生. 演变与重塑:中国农民生活空间的变迁[J]. 江苏社会科学, 2018 (6): 43-49.
[2] 折晓叶, 陈婴婴. 超级村庄的基本特征及"中间"形态[J]. 社会学研究, 1997 (6): 37-45.
[3] 彭丽慧. 农村空心化与地域、社会空间重构研究[D]. 长春:东北师范大学, 2011.

#### 4.2.2.4 生活空间风貌异化

在进行乡村生活空间设计时，没有充分考虑乡村材料和乡村色彩，导致设计的新貌与乡村旧貌差异巨大，新的空间成为乡村中不和谐的"音调"，使整个乡村景观水平降低。同时，部分乡村生活空间在设计时没有考虑到乡村地理性质和区位特性，将城市空间设计部分调整后直接用于乡村空间的设计中，导致乡村失去了原有的氛围。

#### 4.2.2.5 村民自主参与性较低

村民对传统文化的保护和新风貌的建设缺乏主动性，有的甚至对传统文化产生鄙夷的情绪。由于现代化的进程不断加快，村民的娱乐方式渐渐被电脑、手机、电视占据，导致乡村传统的公共空间被人们忽视，村民对村庄的关注度降低，凝聚力减弱。如今，许多乡村都需要一个具有乡村文化、乡村精神，承载村庄记忆的生活空间，唤醒潜藏在人们内心深处的归属感。

#### 4.2.2.6 乡村绅士化现象的关注度较低

近年来，我国部分乡村（特别是大城市周边的乡村）出现了和西方国家相似的乡村绅士化现象。旅游者、画家、退休人员等一大批城市居民涌入乡村，致使乡村人口结构发生改变，引起房产价格上涨、乡村资源价值重构等现象。但从目前的研究资料来看，仅有小部分学者关注到了这种乡村绅士化现象。不可否认的是，乡村绅士化进程对乡村经济的拉动和乡土文化的传承和保护起到的作用不容小觑，但是随着乡村绅士化程度的加深，人口结构不断变化，乡村原本的生活空间必然会受到影响进而发生改变与重塑，现代观念会逐渐替代传统观念，成为影响聚落和建筑形式的关键因素和空间组织的基本原则。这种置换和替代原住民的模式若不加以规避和控制，将会导致村庄中弱势群体的居住空间边缘化，因此，我们需要合理地认识和控制乡村绅士化进程。

### 4.2.3 乡村生活空间研究展望

乡村生活空间以乡村居民的日常生活为切入点，以打造宜居的空间和提升村民幸福感为目标，是一个富含人文情怀的发展方向。现在，人类活动已经上升到人地矛盾的层面，乡村居民的日常生活和周边自然环境的相互作用能够在一定程度上反映乡村地域人地之间的关系。乡村生活空间是乡村地域发展的空间基础，对乡村生活空间进行研究将有助于我们认识平等的城乡地位和动态的城乡关系，从而能够多维度评判乡村地域空间的功能价值，为政府关于乡村发展政策的制定提供具有决策性的信息和相关的理论指导。

《国家乡村振兴战略规划（2018—2022年）》指出，乡村生活空间是以农村居民点为主体，为农民提供生产生活服务的国土空间。坚持节约集约用地，遵循乡村传统肌理和格局，划定空间管控边界，明确用地规模和管控要求，确定基础设施用地位置、规模和建设标准，合理配置公共服务设施，引导生活空间尺度适宜、布局协调、功能齐全。充分维护原生态村庄风貌，保留乡村景观特色。这是我国新时期乡村生活空间建设的目标，并以居住空间、消费空间、休闲与交往空间、文化空间、公共服务空间为基础，结合发展趋势，将居住空间的社区化和混合化、消费空间的城镇化、休闲与交往空间的虚拟化和开放化、文化空间的核心化、公共服务空间的配套化进行重构，因地制宜地构建具有中国特色的乡村生活空间聚合体，为美丽乡村的建设打好基础。

### 4.2.4 乡村生活空间未来的发展方向

发展乡村旅游业是实现乡村振兴的重要途径之一，通过旅游业树立品牌，从而带动相关产业的发展。乡村旅游业的发展靠的是人们对于乡村的期待和想象，对老年人来说，乡村是他们落叶归根之处；对中年人而言，乡村是他们出生的地方，那里有他们寄托的乡愁，是他们的精神依靠；对年轻人来说，乡村是一种向往与想象，青山绿水、远离喧嚣。乡村旅游业未来的发展重点是将乡村旅居与田园康养进行结合，使乡村旅居成为一种新的生活方式。

## 4.3 公共健康导向下的乡村生活空间营造原则

### 4.3.1 民生改善，生态并举

良好的乡村生态环境是建设高质量的健康乡村生活空间的前提，应尊重乡村原有的生态环境，并将可持续发展理念融入建设之中去合理规划设计。在乡村建设过程中，需要将环境保护、生态优先、绿色低碳的理念带到每个乡村居民的心中。倡导绿色生活，有意识引导村民关注环境问题，进而共同建设美丽乡村。在营造时，应选择生态效益高的植物，充分发挥植物本身的形体线条美与色彩美，共同创造空气清新、绿意盎然的乡村生活空间。

### 4.3.2 适龄适建，以人为本

乡村生活空间的使用主体是乡村居民，在营造生活空间时要真正体现乡村居民的主导地位，尊重乡村居民的需求，打造适宜的人居环境。乡村生活空间的建设应满足人人平等、人人都能使用的要求。在全球老龄化的今天，我国老年人口数量也日渐增多，在乡村人口比例中，老年人和留守儿童更是占了很大部分。因此，在建设乡村生活空间时，我们应满足全龄适用的需求，打造安全舒适的休闲交往空间。

### 4.3.3 地域文化，各具特色

千村有千貌，不同的乡村有不同的民风民俗，不同的居民有不同的生活习惯，每个乡村的生活空间都有自己独有的地域文化特征。因此，在营造乡村生活空间时，需要对文化资源进行挖掘、收集和整理，提取具有乡土特色的设计元素，确定适宜的乡村物质空间和精神内涵主题，确定地域文化特质，凝练村庄定位，在满足当地居民基本需求的基础上，将村庄的乡土文化特征融入乡村生活空间的建设中，实现对当地特色文化的传承。

### 4.3.4 因村施策，因地制宜

我国地域辽阔，不同的地区经济发展水平不同，社会状况不同，适用的建设方式也不同。在营造乡村生活空间时应考虑周边自然环境，尊重场地本身的自然条件。如村落中原有的公共空间往往承载着村民的家园意识，基于这些场景进行重构时，可以对有价值的构筑物进行保留、优化。本着因地制宜的原则，充分尊重与保护不同地域的文化与居民的生活习俗，打造舒适宜人、特色鲜明的乡村公共空间。

### 4.3.5 节能环保，经济适用

在进行乡村生活空间的设计时要考虑当地的经济水平，采用适用、经济、美观来作为评价的标准，用更高的性价比为乡村居民创造美好生活。营造时可选用乡土材料和乡土树种，注重实际效果，减少面子工程，用经济适用的方法打造乡村生活空间。

### 4.3.6 自主参与

要想建设出满足村民需求的乡村生活空间，就有必要让村民参与其中。村民参与设计的场所通常更具乡土情怀，更能满足村民的需要。村民参与设计、建造也增加了村民的凝聚力和集体意识，提升了村民对村庄的关注度，使乡村建设更加顺利。例如，可以让村民通过剪纸和石绘，展现自己眼中的村庄，并将相关元素运用到空间设计中，增加村民的参与感。村民不仅是乡村生活空间的使用者，更是乡村生活空间优化的参与者与推动者，因此，在规划建设乡村生活空间时，要大力提倡并积极引导村民参与，共同建设美好的乡村生活空间。

## 4.4 公共健康导向下的乡村生活空间营造策略

### 4.4.1 闲置生活空间再利用

#### 4.4.1.1 闲置生活空间出现的原因

1. 村民自建行为导致生活空间的浪费

村民的自建行为和乡村建筑的盲目增设让乡村内部布局混乱、不成体系。部分新增建筑存在盲目模仿城市建筑风格或国外建筑风格的情况，建筑风格不统一且不符合乡村现状，导致整体建筑风貌没有体现出乡村独有的特色。这样缺乏规划的自建行为会造成乡村整体生活空间的功能不连贯，无法提供完善的村民休闲交往空间，出现无序杂乱的空间衔接问题，久而久之，部分无法满足村民需求的生活空间随着使用率的降低，将逐渐被闲置[①]。

**2. 生活方式的改变导致闲置空间的出现**

随着生产技术的发展以及农业生产科技化，乡村居民的生产生活方式也在发生改变。例如，随着现代化大型养殖场的建立，大部分村民自家的小型养猪棚已经闲置；随着农业机械化的发展，更为高效的自动化机械得到普及，原本存放农具的地方也失去了效用。很多曾经使用的功能空间因其功能的消失逐渐萧条破败，随之遗留下的是许多闲置的建筑空间和公共空间。闲置空间如果不加以利用，除造成资源浪费以外，无处安放的设施、设备还可能占用其他公共空间或者绿地空间，影响村民生活。

综合以上情况，在乡村发展历程中，村落内部布局缺乏总体规划及村民自建房的行为导致生活空间的功能性不够完整，不同功能区相互间连接性不强，生活空间的布局杂乱无章，生活空间使用的不便使村民们使用频次降低，形成闲置空间。加上农业科技化发展，村民原有的生产生活方式发生改变，使村落中出现了不少闲置空间。

#### 4.4.1.2 闲置生活空间的利用方式

**1. 乡村本土生活空间的整合改造**

闲置生活空间的再利用首先需要基于乡村本地的实际情况进行规划和空间营造，应结合乡村本地习俗和特色，营造满足村民生活需求和引导村民健康生活的特色生活空间。每个村落在拥有相似的基本生活需求的同时都有自己独具特色的生活习俗，所以我们在进行闲置空间的再造时，要尽量与周围环境相结合，并融合村落自身的特色。

整合改造乡村本土生活空间，首先应对乡村进行实地勘察，再对场地进行合理的功能分区，在满足功能要求的情况下结合闲置的生活空间营造景观节点，围绕景观轴线形成具有特色的乡村景观。例如，乡村入口处可设置人群聚散广场，供来往村民集散或游客停留休息，同时将靠近村落入口的闲置空间改造成停车场。可以将闲置空间进行改造，赋予对应功能后融入各类生活空间及景观节点，结合村落特色和当地习俗，营造具有特色的生活空间。

**2. 使用废料营造乡村景观**

在对废弃空间进行改造时会产生很多废旧材料，这些废旧材料本身就具有乡土性，可以作为营造景观小品、建筑或构筑物的原材料。从废弃建筑中拆下的墙体材料可以用于其他生活空间的景墙建造；遗留下的瓦片可以作为道路两侧的路沿造型，将瓦片重新切割和排列也可以为部分景观小品增加韵味；废旧砖块可以叠加放置成座椅或者门洞等构筑物，也可以将其挖空做成特色花盆或花坛进行植物种植。

废弃材料的循环利用尽量保证了乡村生活空间的乡土性，可以让村民们看到熟悉的乡土材料，进而引发共鸣。

各家各户闲置空间材料的利用可增强村民的参与性，让村民亲自参与到生活空间的改善建造中来。当他们看到用自家废弃材料构造的各类景观小品时，会有"咦，这是我

---

[①] 卢素英，赵则海. 基于"缝·补"策略的岭南乡村生活空间景观营造实践——以广东省云浮市斗带村为例[J]. 小城镇建设，2019，37（8）：94−101.

家那个猪棚木头搭成的座椅""这是我老婆子不用的瓦做的"的惊喜感。这也是增强村民与生活空间联系的方法之一。

对于大部分村民，特别是长期生活在村落中的村民而言，城市化或者现代化的生活方式以及生活空间风格并不是他们最需要的，他们最需要的是符合他们生活方式，满足他们生活需求且具有乡土特色的生活空间。乡村内闲置空间的改造和废料的再利用，将生活空间的乡土性发挥到了极致。闲置空间被赋予新功能，融入各个景观节点之中，资源的整合让原本破碎的乡村生活空间完整串联，提高了景观的整体性。每位村民对村落有不同的记忆点。也许只是一座老房子，也许是门前的一棵大树，将他们的记忆点保留和修缮，才能更大程度地体现村落特色，才能让村民更具有归属感，从而营造健康的精神世界，建造健康的生活空间。

### 4.4.2 村民参与乡村生活空间的营造

乡村生活空间的营造应该在村民生活习俗的基础上进行深化设计，所以前期的调研和走访尤为重要，这样才能更好地将地域特色及文化融入生活空间的规划设计中。

乡村生活空间应该融入以人为本的理念，让村民参与乡村生活空间营造，一是能更好地帮助设计者发掘乡村地域文化特色，体现当地的习俗和村民的生活习惯；二是能调动村民参与的积极性和主动性，提高村民对生活空间的认同感和归属感。

村民参与乡村生活空间的营造，能充分提炼乡村特色，建设独具乡土符号的生活空间及景观，打造属于村民自己的生活空间。

### 4.4.3 完善公共服务设施配置

乡村生活空间中必不可少的就是公共服务设施，完善的公共服务设施是给村民带来美好生活的必备条件，也是营造健康生活的基准。针对乡村公共服务设施配置的条件，应对各类公共服务设施进行分级配置并逐步完善。

#### 4.4.3.1 医疗卫生设施

应按照国家相关规定规划卫生站及诊所，以乡村居民健康需求为导向，依据服务人口、服务半径、行政区划等综合因素设置。

#### 4.4.3.2 文娱体育设施

文娱体育设施是生活空间中提高居民生活质量的重要公共服务设施，合理设置文娱体育设施能让村民们有更好的娱乐运动体验，给村民带来更健康的生活方式。随着社会的发展，村民对文娱体育设施的需求也在增加，尤其是参与性强、享受性高的文娱体育设施更受到村民的欢迎。在文娱体育设施设计时应充分考虑村民的需求，注意设施的安全性和实用性。

#### 4.4.3.3 老年人服务设施

随着人口老龄化现象的出现，乡村中老年人群体的生活也是我们需要关注的。我们要积极对村落里的老年人进行寻访调研，深入探寻他们的需求，为老年人配置适合服务设施。

完善公共服务设施配置是营造公共健康导向下乡村生活空间的有效途径，公共服务设施重在为乡村居民服务，因此在前期规划阶段便要根据各类服务设施的服务半径确定公共服务设施的位置，这样才能更好地为乡村居民服务，营造健康便捷的生活方式。

### 4.4.4 尊重乡土文化，进行地域特色设计

乡土文化是乡村建设中经常被忽略的问题，导致很多乡村建设出现了大同小异的情况。我们应挖掘属于村落自己的乡土文化，让生活空间具有浓厚的地域文化氛围。

#### 4.4.4.1 地形地貌的保留

乡村的地形地貌尽量保留，是保留乡村地域特色的第一步。在对乡村进行规划时，道路和建筑等生活空间都深受地形的影响。在不对村民生活空间的营造造成恶性影响的情况下，尽量保留乡村本身的地形地貌，道路和建筑及其他相关空间顺应地形布置，避免模式化的空间布置。近十年来，常态化的道路拓宽、规则式的建筑排列让乡村的地域特色没能展现出来。因此，展现地域特色的生活空间需要保护乡村本来的大地肌理，尽量在保留地形地貌的前提下规划生活空间。

#### 4.4.4.2 对乡村传统文化习俗的保留

很多村落都有自己传统的习俗，作为乡村的特色符号，在对生活空间进行规划设计时应该予以保留。

除了乡村传统的文化习俗，一些象征乡村传统的生活空间节点也应该尽量保护和保留下来，这是乡村居民的乡村记忆，也是乡村文化的标志和符号，对外出离乡者而言，这更是触发乡愁的记忆点。当然，在乡村建设时可以对其进行设计及调整，让这些节点串联起来，形成乡村传统文化廊道，更好地展现乡村文化风貌。

#### 4.4.4.3 乡村建筑风格的特色化营造

任何乡村建筑都有自己独特的风格，在建筑物的材料、内部布局和使用功能等方面都有一定的不同。传统的乡村建筑特色是非常明显的，但由于乡村居民生活需求的提高，原有的建筑内部布局无法满足村民的需求，因此，在设计时需要将传统的建筑内部布局和现代化的生活需求结合起来，还要体现出传统乡村建筑的地域风格。

在对乡村生活空间进行设计时，需要将传统地域文化融入其中。对其特色也不是呆板地完全保留，可以进行结合和创新，在乡村生活空间里传承并发扬乡村特色文化。

## 4.5 典型乡村生活空间的健康化营造方式

### 4.5.1 院落空间

院落空间是乡村生活空间中使用率极高的空间类型，村民大多数的日常活动都会在院落空间完成（如早晨起来运动、中午晒谷子、傍晚在躺椅上小憩、晚上围坐在一起聊天），因此院落空间是乡村生活空间营造的重点之一。

#### 4.5.1.1 院落空间存在的问题

**1. 忽视院落空间的营造**

目前，对乡村的一些规划主要以公共空间为重点，辅以道路及服务设施类设计，忽视了院落空间的营造，使大部分院落出现趋同性，没有体现地域特色，不能更好地为村民提供服务。

**2. 院落空间布局不合理**

院落空间往往与住宅联系紧密，但部分院落空间缺乏合理的功能规划，特别是厨房和厕所的邻近布局更是容易出现问题。院落空间布局的不合理会影响村民的日常生活。

**3. 院落空间风格单一化**

因为缺乏整体规划和设计，院落空间往往由村民自行设计、建造，但由于村民缺少空间营造及景观设计等相关知识，往往模仿他人建造院落空间，使院落空间体现不出乡村文化风貌和特色。

#### 4.5.1.2 院落空间的健康化营造方式

**1. 结合周边自然环境，突出乡村特色风貌**

乡村院落空间当下趋于同一化或城市化，但美丽乡村建设需要体现乡村特色。因此，院落空间在设计时应尽量尊重周边环境，将院落空间融入周围的环境，成为乡村空间的一部分。保留和加入院落空间中具有地域特征的部分，再结合传统的生活习俗和乡村文化，打造具有乡土特征和自然美的院落空间。

**2. 以人为本，打造专属的院落空间**

乡村生活空间的营造和设计应以人为本，规划合理的布局和功能。首先需要保证院落空间的安全性，其次需要确保院落空间设置的合理性和便捷性。设计时以村民日常生活为基准，对院落空间进行功能分区。通过让村民参与设计，可以在保证乡村整体风貌的基础上，针对村民不同的生活习惯微调院落空间的布局和设计，打造专属于自己的院落空间。

**3. 调动村民参与的积极性**

村民是院落空间的主导者，而且院落空间是相对私密的空间，因此村民的参与尤为重要。规划设计师所能提供的是院落空间的合理布局及规范,为了使院落空间更为有序,维护院落空间的美好环境,应鼓励村民发挥自己的创意,建造具有个人特色及风格的院落空间。

4. 打造示范性院落空间

我们可以有针对性地规划乡村场地,挖掘乡村特色,以合理性、乡土性、功能有效性为原则,以村民生活习惯及生活模式为依据,设计出高质量的院落空间作为该乡村场地的参考范本。通过营造示范性院落空间,可加强对空间设计、美学原理等知识的普及,提升村民对院落空间景观价值、生活功能和文化价值的认知水平。

院落空间的设计亮点在于能否将乡村地域特色、人居适宜程度和自然乡村环境三者融合起来。乡村院落空间需要融入周边自然环境,体现本土特色,并以合理的空间布局和功能分区为居民提供服务。随着乡村居民生活水平的提高,乡村院落空间的舒适性、自然性和健康性已成为村民着重考虑的因素,如何让乡村院落空间更符合当下村民的需求,已成为目前学者重要的研究方向。院落空间鸟瞰图如图 4.5-1 所示。

图 4.5-1 院落空间鸟瞰图

## 4.5.2 街道空间

街道作为承载着乡村交通和交往功能的重要空间,维系着乡村邻里关系,促进人与人之间的交流活动,而富含地域文化的街道空间可以称为乡村的空间标志。街道空间作为乡村生活空间的构成部分,串联起了村庄内的各个区域,是连接各类空间及节点的重要媒介。街道空间包含着村民很多日常活动,街道空间与村民的生活紧密相关。为了满足村民的基本生活需求和提升村民的居住环境,需要结合乡村实地特征,在保证交通功能的基础上,对街道空间进行合理规划和设计,为村民提供更具特色的街道空间。

## 4.5.2.1 街道空间的健康化营造方式

### 1. 进行适宜的道路分级

对乡村街道空间的道路优化可以借鉴城市道路分级的方法，去解决部分乡村道路不成体系的问题。乡村中的道路可以分为主要道路和宅旁道路，道路的分级和布置应根据乡村的规模、道路的现状及建筑物的布局进行调整，以方便村民出行。

人行步道在街道道路体系中占据重要位置，步道需要与乡村中的布局紧密贴切，从而发挥其连接村庄各部分的核心作用。若村庄内部的景观节点有特色，则在道路设计时应充分结合村庄内的景观节点。例如，乡村若有河流，则可设置滨河步道。在布置好乡村内的道路体系后，需增强道路的可识别性及景观性，可以通过运用乡土材料及设置路牌等措施凸显道路的特征，营造健康实用的街道空间[①]。

### 2. 街道空间景观营造

划分并布置好乡村中的各级道路后，应运用美学知识对街道空间进行景观设计。街道空间的景观营造应因地制宜，展现各个乡村的文化和风貌。在营造时，以景观区分不同级别或不同区域的道路，利用不同的景观增强街道的可识别性。街道空间景观营造所使用植物应体现地方特色，尽量使用乡土植物，在色彩和造型方面要与乡村空间的整体风格协调。

乡村街道空间的景观不同于城市景观，应充分利用周边的自然环境，重点突出公共空间的绿化景观，营造有特色的街道景观。街道空间的绿植设计如图 4.5-2 所示。

**图 4.5-2 街道空间的绿植设计**

街道空间景观营造以街道沿线为主要设计对象，在保证安全的情况下，合理搭配植物，对道路两旁的绿化带进行设计。在设计主要交通道路时，尽量用植物来构建线性导

---

① 杨芷. 田园综合体生活空间优化设计策略研究[D]. 大连：大连理工大学，2019.

向，可以栽植行道树或者用具有乡村特色的蔬果丰富景观，提高绿化率。对于宅旁道路的景观营造，道路的铺装风格可以与住宅建筑风格相结合，同时要注意宅旁道路和主道路的衔接过渡要和谐。街道空间中无法进行绿化设计的地方可以采用垂直绿化的方法来进行景观营造。

#### 4.5.2.2 街道空间的整体优化

首先，乡村现有的街道应尽量保留，以修缮为主。其次，维持现有道路的布局结构，对街道空间的规划应基于原有道路肌理进行，以改造为主。最后，调整街巷空间布局，完善街道空间秩序，再塑造街道空间景观。

街道具有串联乡村各节点的功能，连接节点处应注意调整道路的景观过渡，尽量贴切节点的风格，再通过本土植物和乡村特色的景观小品丰富节点空间，让整个乡村空间联合成为一体。

1. 铺装

街道空间中的路面铺装应以其功能为主要依据选择适合的乡土材料，主要道路以车辆交通为核心功能，因此应选择平整的沥青混凝土路面或水泥混凝土路面。而人行步道和宅旁道路以居民步行为主，可在保证安全的情况下进行景观设计，体现乡村的特色风貌。例如，在宅旁道路铺装富有乡土气息的石板或青砖，在滨河步道铺装木板等。街道空间的石板铺装如图 4.5-3 所示。

图 4.5-3　街道空间的石板铺装

2. 节点

在营造街道空间时，应根据乡村空间的发展要求，对街道空间中村民进行日常交流交往的重要场所进行详细设计。例如，道路交叉口、道路转弯处可营造特色的景观节点，以丰富景观层次。

3. 小品

街道空间中的小品设计，除普遍的树池、花坛等外，还应有照明系统及导视系统的规划设计。照明系统的外观可根据乡村空间的整体风格进行设计，而照明系统可以选用

第 4 章　乡村生活空间的健康化营造

太阳能或风能发电照明。导视系统的外观及风格应与照明系统一样，参考乡村景观整体风格。导视系统的整体造型也可根据乡村整体设计进行打造，尽量与周边环境和景观协调。可以根据乡村实际情况选择智能化导视系统，营造更方便快捷的乡村生活方式。特色景观亭及乡土材料垃圾桶如图 4.5-4、图 4.5-5 所示。

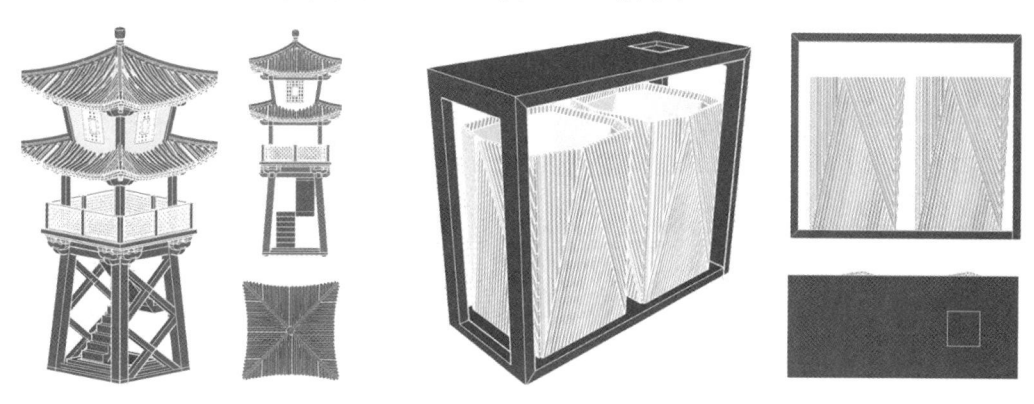

图 4.5-4　特色观景亭　　　　　　　图 4.5-5　乡土材料垃圾桶

4. 界面

街道空间的一项重要功能是联系乡村内各区域和进行交通引导，因此街道空间的连贯性尤为重要。水平界面的地面铺装类型及图案、垂直界面的建筑外墙立面设计都是决定街道空间是否连贯的因素。因此，对水平界面和垂直界面进行连贯性设计，是保持街道空间连贯的方法之一。

通过地面材料的有序搭配和建筑外墙立面的统一设计，可以让街道空间更加连贯。

水平界面是否连贯一般由道路路面的铺装类型决定，虽然不同层级的道路会采用不同类型或图案的铺装，但是在不同层级的道路间做好过渡则能有效解决这个问题。对于垂直界面而言，乡村建筑的外墙立面设计尤为重要。部分乡村建筑具有自己的风格，所用的材质各不相同，并未进行整体的设计，因此部分街道空间的垂直界面缺少连贯性。如何让建筑立面既能构造出街道的连续性又能保有各家各户的特色，值得我们去思考和探究。

首先，统一建筑外墙的颜色。在发掘乡村特色时，选择与乡村特色匹配的建筑设计风格，再统一建筑外墙面的色调。在此基础上融入乡村整体的特色，例如加入体现村落历史文脉或特色文化的墙绘，或者在墙面上进行差异化的装饰等，以此实现街道的连贯性和展现乡村特色风貌。

其次，建筑周围的小品或构筑物也可以进行色调及材质的统一。例如，建筑周围的围栏可以用乡土材料建造，在区分街道空间的同时也提高了街道空间的连贯性，更能体现乡村的特色。

最后，对于垂直界面中的垂直绿化景观，可以选择乡土植物并结合空间特性和需求进行设置。在需要遮挡视线的地方（例如私人院落空间外），可以通过绿化幕墙营造私密空间，而道路的转弯处则应设置低矮的垂直绿化以免遮挡来车视线。在保证安全和舒适的情况下，再对垂直绿化进行调整，便可以体现垂直界面上的连贯性。

### 4.5.3 公共活动空间

公共活动空间作为村民进行交流必不可少的生活空间类型，对乡村和谐发展及村民健康生活有着重要意义。

公共活动空间主要是指村民进行日常休闲和娱乐的场所（包括入口广场、活动中心、休闲广场及集市等），是村民开展活动不可缺少的部分。公共活动空间可以优化乡村生活环境、提高村民生活质量，同时它也是体现乡村文化特色的重要载体。

#### 4.5.3.1 公共活动空间的营造原则

1. 因地制宜，体现差异

每个村落由于其所处的地理位置和文化背景不同，都有着独特的历史文脉和生活习俗。正如每片叶子都不一样，每个村落也不尽相同，需要我们深入挖掘，并将特色文化等要素融入空间的营造中。因此，在营造乡村的公共活动空间时必须因地制宜，体现乡村的特色风貌，避免出现千篇一律的公共活动空间。使用乡土材料、乡土植物、特色图案营造公共活动空间，才能更好地展现乡村风貌、传承地域文化。

2. 整体营造，避免破碎

乡村内存在多个活动节点及活动场地，每个活动节点所承载的功能不同，因此各类空间营造的要素也不同，需要通过一些方法将各个景观节点和活动空间串联在一起。设计者应从整体的角度去规划设计，在功能连续的基础上将各个空间连接起来，让村民有更好的活动体验。乡村文化景观节点如图 4.5-6 所示。

图 4.5-6 乡村文化景观节点

第 4 章　乡村生活空间的健康化营造

#### 4.5.3.2　公共活动空间的营造策略

1. 增加公共活动空间的功能

目前，公共活动空间往往不再局限于单一功能，而是由多个功能相互交织在一起。例如，村庄内较为大型的活动广场，通常以运动为主要功能，以休憩、交谈等为辅助功能。在公共空间的营造上，我们需要增加新的形式与内容，以满足村民们多样化的生活需求，在传统生活空间的基础上，调整空间形式、优化空间配置，为村民提供更为舒适的公共活动空间。

2. 延续乡村传统，结合创新手段

在对乡村空间进行前期调研和分析时，应尽量发掘乡村原有公共活动空间所蕴含的元素，并将其融入新的空间设计规划。同时，延续乡村的传统及特色，提炼乡村的文化内涵，基于村民现有的活动模式及活动习惯，对公共活动空间进行设计，以展示乡村的特色风貌。在保留传统及特色的同时，结合现代化的技术对活动空间的规划设计进行调整，以适应村民的需求。

#### 4.5.3.3　不同类型公共活动空间的营造

1. 入口活动空间

乡村的入口活动空间是乡村展现自我风貌的"第一张名片"，但当下乡村入口活动空间的设计却大同小异，缺少对地方特色和个性化的展示。因此，乡村入口活动空间在设置上应该想方设法突出识别性，尽量展现独有的风格。乡村入口活动空间景观墙如图 4.5-7 所示。

图 4.5-7　乡村入口活动空间景观墙

(1) 标志牌。

乡村入口活动空间首先要设置一个明显的标志牌，可以直观体现乡村的名称。制作标志牌的材料可以用乡村本地的材料，而标志牌的造型可以从乡村的历史、文化及生产生活等方面提炼。例如，以小麦种植为主的乡村，可以在入口标志牌的造型中融入小麦的元素。

(2) 集散广场。

乡村入口人流量非常大，因此在入口处可根据场地条件设置集散广场。集散广场主要供来往人群暂时停留，因此集散广场中不需要设置过多构筑物，以免挡住行人或行车的路线，可以设置一些廊架、花架等。

关于廊架的设计，需要根据车行道或者人行廊道选择合理的尺寸。廊架的造型和风格以体现乡村的特色为主，可结合乡土植物和周边环境营造乡村田园风情。在确定廊架的基本造型后，可以使用藤蔓植物对廊架进行装饰，且廊架顶部缠绕的藤蔓植物也可以提供遮阴的功能。

除了可供通行的构筑物，还可在不供通行的区域设置少量的景观小品（例如有村落特色的雕塑小品、村落历史的介绍牌等），以丰富入口活动空间的景观价值。乡村特色构筑物如图4.5-8所示。

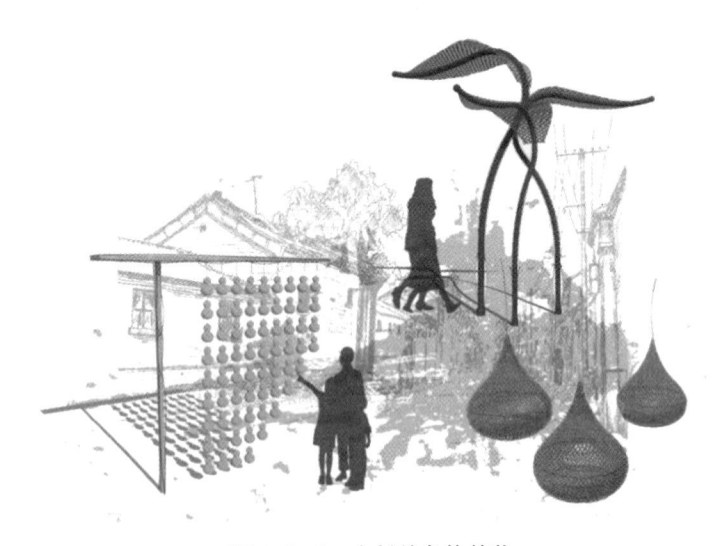

图4.5-8 乡村特色构筑物

2. 休闲活动中心

休闲活动中心通常包括休闲交谈区、运动健身区、老年活动区及儿童活动区等，它们共同构成完整的活动空间。儿童活动区如图4.5-9所示。

第4章 乡村生活空间的健康化营造

图 4.5-9 儿童活动区

休闲活动中心是村民最常使用的空间类型，应尽量选在交通便捷的地方建造。设计者应根据周围的建筑布局、街道走向及自然环境，设计休闲活动中心的园路布置和功能分区。

在设计时需要考虑村民的行动路线，以确定休闲活动中心的主次出入口。在确定好主次出入口及内部道路后，便要对休闲活动中心进行功能分区。功能分区应根据村民的实际需求进行配置，在满足村民需要外还应考虑对周围环境造成的影响。

确定休闲活动中心的功能分区后，便可结合景观设计要素对活动空间进行设计。在设计时可通过景观节点串联起活动中心的景观轴线，节点在设计时应在多元化的基础上保证协调统一。可以使用不同类型的构筑物、植物、水景等营造景观，但整体风格采用从乡村提炼出的特色元素，达到整体和谐统一的效果。

景观节点中的构筑物在材质上可选择当地原生材料，并尽量选用有质感的材料，以增加空间整体的视觉感受。同时，尽量使用环保材料（如竹材、木材等）建造景观小品。座椅休憩区如图 4.5-10 所示。

图 4.5-10　座椅休憩区

休闲活动中心应注意对水景的营造，水景的形式应结合乡村文化设计。例如，农耕文化氛围浓厚的村落可结合水车进行水景的设计，体现乡村农业特色。水景除了可以给人们带来视觉感受，还可以给人们带来听觉感受，能有效提升生活空间景观的品质。水景观赏区和临水休闲景观如图 4.5-11、图 4.5-12 所示。

图 4.5-11　水景观赏区

图 4.5-12　临水休闲景观

休闲活动中心的功能在公共活动空间中最为丰富，因此在空间营造时也应该采用与其功能相适应的造景形式、材料和植物等，以满足村民的需求。

3. 小型公共活动空间节点

小型公共活动空间节点主要是指乡村中小型的广场或是在道路系统旁边有一定功能的小型空间，通常作为村民临时歇脚的场所。如果小型公共活动空间节点设计得当，会促进村民间的交流活动，增强人与人之间的联系。

小型公共活动空间节点依旧需要根据功能进行空间营造。相较于休闲活动中心，一个小型公共活动空间节点所承载的功能并不复杂，大多数只有一个或两个功能。但小型公共活动空间节点的营造依旧需要像其他空间一样，根据乡村实地情况和村民的生活需求，将乡村的特色融入其中，并且让各个小型公共活动空间节点相互连接，形成完整且合理的功能轴线和景观轴线。

需要注意的是，即便是小型公共活动空间，也要注意与周围环境相结合，同时应强化公共活动空间结构，让乡村整体的公共活动空间体系更加完善。道路旁休憩设施如图 4.5-13所示。

图 4.5-13　道路旁休憩设施

### 4.5.4　绿地空间

乡村生活空间中的绿地空间有景观、游憩等功能，对美丽乡村建设有着重要意义。对公共绿地、道路绿地、庭院绿地等绿地空间进行合理规划和设计，是营造健康化生活空间的必备条件。乡村大地景观如图 4.5-14 所示。

图 4.5-14　乡村大地景观

#### 4.5.4.1 绿地空间的功能

1. 游憩

随着生活水平的提高，村民的精神文化需求日益增长，他们越来越在意空间是否能带给他们良好的活动体验，而乡村绿地空间具备游憩功能，为村民提供了健康的生活环境。

2. 观赏

绿地空间具有很强的观赏性，能让村民们体会到自然的美好。

3. 文化教育

绿地空间是乡村文化的载体，在传播乡村文化的同时，还能丰富村民的业余生活，提升村民的文化素养。

#### 4.5.4.2 绿地空间的营造原则

1. 生态环保

在布置绿地空间时，应尽量种植乡土树种，减少对当地环境的影响。乡土树种栽植存活率高，可以减少资源浪费。尽量少选用引进树种，因为引进树种管理成本较高，而且有可能对当地的生态环境造成一定的影响。

2. 层次丰富

多样化的绿地空间能带给乡村居民多样化的体验。在对绿地空间进行规划设计时，可以根据不同的空间功能和需求选择不同的营造方式。不同区域的绿地空间相辅相成，构成点、线、面结合的绿地体系。在同一地块或区域的绿地空间也应该营造出丰富的层次感，利用不同株高、冠幅、形态和颜色的植物营造丰富的景观，以满足多样化的观赏需求。

3. 融入文化

绿地空间作为承载乡村文化的载体之一，应该在营造时融入乡村地域文化。赋予绿地空间文化内涵，也是对乡村历史传承和时代创新的直接体现。绿地与乡土文化的相互融合使绿地景观不仅具有观赏性，更具有了乡村特有的文化魅力。

#### 4.5.4.3 绿地空间的健康化营造

1. 道路绿地

乡村道路旁的绿地空间通常以行道树、花坛或花箱进行营造，利用列植的行道树可以形成道路周围的线性景观。行道树首选乡土树种，其次考虑能隔绝噪音和扬尘的树种。在行道树中可以种植带型灌木以增强道路绿地空间的连接性，在道路交叉路口以及转弯处使用花坛或者花箱，不仅可以增加道路绿地空间的观赏性，还能增强道路的识别性。道路绿地的植物配置如图 4.5-15 所示。

图 4.5-15　道路绿地的植物配置

2. 庭院绿地

庭院绿地作为村民院落里的绿地空间，在设计上应尽量遵循村民的意愿。在设计时应在尽量维持村落整体绿地空间风格的基础上，对村民各自的庭院空间进行个性化设计。庭院绿地作为村民的私密空间，除了村民的意愿，还要以方便实用为设计依据。例如，可以根据院落空间布局，在庭院里种植遮阴树、设置合理的植物花廊等。

3. 公共绿地

公共绿地可以有效改善乡村的整体环境，改变乡村居民的生活方式，丰富乡村居民的文体娱乐活动，从而改善乡村的整体精神面貌。在以观赏活动为主的公共绿地空间，可使用层次丰富的植物进行多样化的景观营造；在以游憩活动为主的公共绿地空间，可以设置适宜村民参与的项目（如植物迷宫）来丰富村民的游憩体验；在以大型活动为主的公共绿地空间，应以低矮的植物景观为主。公共绿地如图 4.5-16 所示。

图 4.5-16　公共绿地

## 4.6 乡村生活空间健康化营造案例

### 4.6.1 成都市郫都区花园镇朴宿·悠度院落提升项目

#### 4.6.1.1 项目概况

1. 区位条件

成都市位于四川省中部,是中国首批国家历史文化名城之一。郫都区属成都市辖区,位于成都市西北部,是中国农家乐旅游发源地。项目基地位于都江堰市与郫都区交界处,东侧靠近西源大道,西侧有一条支路与基地相连,交通便利,可达性强。成都市区位、郫都区区位、项目基地区位如图4.6-1、图4.6-2、图4.6-3所示。

图4.6-1 成都市区位

图4.6-2 郫都区区位

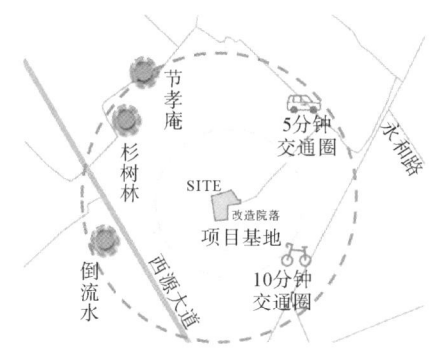

图4.6-3 项目基地区位

2. 现场概况

(1)项目周边环境分析。

项目占地面积约3377平方米,共有两个入口,西侧主入口靠近西源大道,东侧次入口所在的次干道与乡间小道构成了较为完善的交通网络;周边用地类型有林地、苗圃地、菜园地,场地北侧与东侧有水系通过,形成了典型的"田—林—水—宅"川西林盘结构。项目周边环境如图4.6-4所示。

图 4.6-4　项目周边环境示意图

（2）项目自然条件分析。

项目内植被茂密，植物生长条件良好；项目外围的水系形成半围合空间，构成良好的水环境。项目整体环境安静、空气清新，是宜居之地。项目自然条件示意图如图 4.6-5 所示。

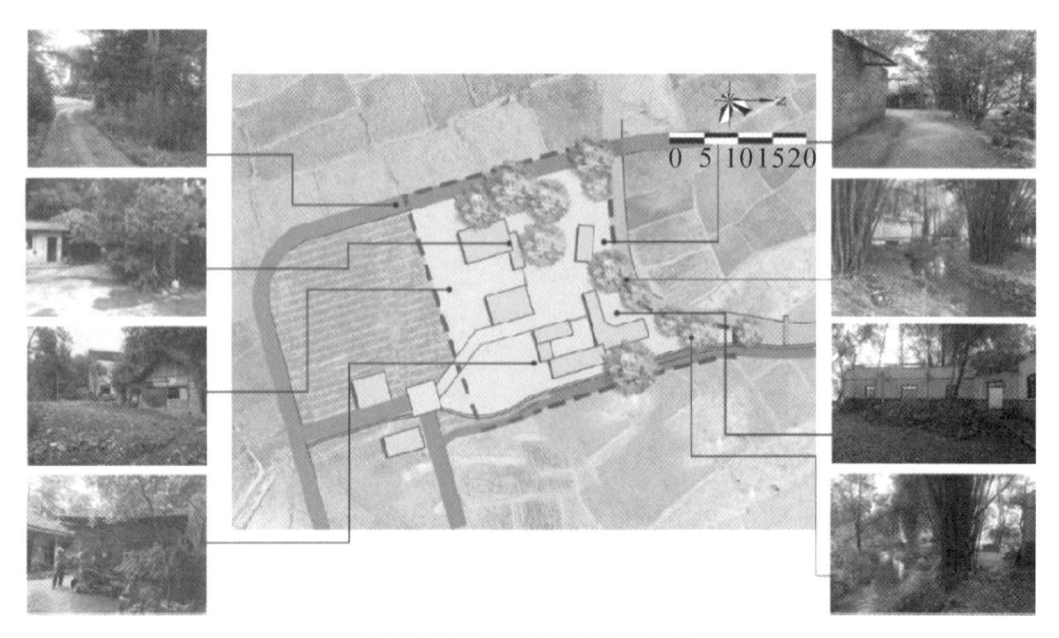

图 4.6-5　项目自然条件示意图

(3) 项目建筑分析。

院落1：院落由建筑层数为一层和二层的建筑组合而成，空间较为开敞。二层的建筑较新，整体偏现代风格，北面和东面建筑较为老旧。

院落2：院落中建筑层数都为一层，空间较为狭窄，部分房屋损坏严重。

项目中建筑具有川西民居特色，但大多老旧破损，需要重建与修缮。项目建筑示意图如图4.6-6所示。

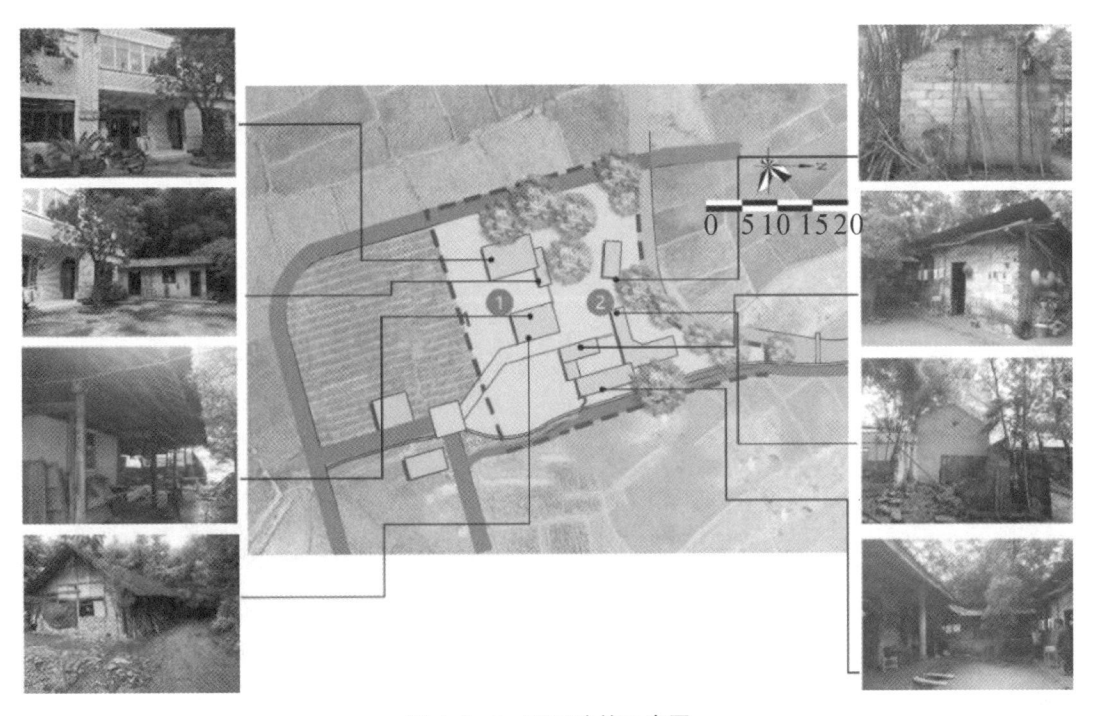

图4.6-6　项目建筑示意图

3. 花园镇特色

通过对花园镇的调研和踏勘，挖掘出花园镇的川西林盘特色。从整体结构来看，项目所在林盘的整体结构完整，保留了"田—林—水—宅"的空间结构，延续了花园镇的林盘历史风貌；当地的民居充分利用外围林地遮阳散热，室内温度比较适中，舒适性普遍较好；民居的布局多为"L"形或"U"形，这使居民兼有私密的活动空间和过渡性的室外空间；民居建筑重视文化氛围表达，蜀文化通过民居外墙以彩绘的方式展现出来。

朴宿·悠度院落的提升，旨在为花园镇提供一个林盘民居保护性开发的样板，更好地对花园镇川西林盘进行保护和传承。

4.6.1.2　总体规划

1. 设计定位

项目旨在打造集休闲康养、创意旅游等功能于一体的精品休闲康养院落。

2. 发展模式

（1）历史展示类。

发掘项目所在地的历史文化背景，对乡村进行重新规划与设计，展示乡村历史建筑风貌，回顾乡村历史脉络。对于历史风貌的展示，依旧以还原保护为主要手段，按照"修旧如旧"的原则，做好维修、加固等工作。通过修葺原有建筑来保留基地本身的历史脉络，增加能展现当地文化特征的景观要素。

（2）延续功能类。

项目生活空间存在部分基础设施滞后的问题，应依据场地现状进行改造和更新，使基础设施适合现代生活，延续其功能。室内给水、消防、供电、排污等设施均按照要求进行布置。

（3）商业类。

根据项目基地区位及建筑布局，改造部分建筑作为商业使用。在完善基础设施的同时补充旅游配套设施。

（4）休闲康养类。

赋予项目基地新的康养体验，营造自然生态的环境。项目康养场所效果图如图 4.6-7 所示。

图 4.6-7 项目康养场所效果图

根据场地自然环境和乡土风貌，打造适宜休闲、放松的乡村生活空间，以古朴的乡村院落为载体，将川西民居与外围环境、社会功能、文化内涵相结合。在建筑设计方面，把握村落整体风貌，注重外围环境与民居的整体性。项目总平面图及项目详细节点如图 4.6-8、图 4.6-9 所示。

第4章　乡村生活空间的健康化营造

图 4.6-8　项目总平面图

用地平衡表

| 项目 | 数值（m²） | 比例（%） |
| --- | --- | --- |
| 总面积 | 3377.00 | 100.00 |
| 建筑基底面积 | 554.70 | 16.43 |
| 绿地面积 | 1642.10 | 48.63 |
| 硬质面积 | 921.80 | 27.30 |
| 水体面积 | 128.40 | 3.80 |
| 桥梁面积 | 130.00 | 3.85 |

① 竹溪板桥　⑩ 疏林朗地
② 疑无路墙　⑪ 旷地涉趣
③ 竹篱门扉　⑫ 翠屏怀旧
④ 坐石临流　⑬ 随意春芳亭
⑤ 清泉石上　⑭ 池鱼思故桥
⑥ 竹林听风　⑮ 门外清波
⑦ 廊下细语　⑯ 红渠细香
⑧ 闲逸一日　⑰ 把酒话聊
⑨ 清秋小筑　⑱ 饮水对清流

图 4.6-9　项目详细节点

3. 功能分区

项目以"找一处康养之居，疗一份怀旧之心"为设计理念，从营造健康生活方式入手，结合场地条件和功能需求，将项目分为林家口、悠院里、朴素居、曲水边和静水舍

141

五个区域。项目功能分区及鸟瞰图如图4.6-10、图4.6-11所示。

图4.6-10 项目功能分区

图4.6-11 项目鸟瞰图

4. 开发策略

（1）植入康养元素，打造疗养胜地。

要营造宜人的生活空间，需注重人性化的设计。在营造时应以自然植物景观为主，充分考虑人们的不同需求，提供多种类型的空间环境供人们选择。

(2) 营造古朴院落，打造多样有序空间。

通过提取场地文化元素，确定空间的风格风貌，最大限度地保留古老宅院的外在形态。在新增的设计中，突出项目的地域特征和文化传承。

(3) 营造怀旧氛围，细节处体现质朴的回忆。

为营造能让当地居民产生共鸣并具有乡土记忆的景观，在设计时将外部怀旧氛围的"旧"与内部现代功能的"新"融合起来。在景观设计中保留大量的乡土元素（如老房子的柱梁、泥墙、瓦片、旧砖），与瓦罐盆栽一起成为装饰摆设。项目院落效果图如图4.6-12所示。

图 4.6-12 项目院落效果图

### 4.6.1.3 空间营造

1. 建筑专项营造

在保留川西民居建筑特色的基础上融入现代的元素，玻璃的运用打破了室内外的界限，扩展了室内空间。专项营造时，应对原本的建筑风格予以充分的保留，再根据居民需求对建筑进行改造。

除此之外，在保留川西民居建筑特色的基础上加入了竹编元素。建筑呈现典型的川西民居特点，以穿斗式木结构为主，色彩朴素淡雅，材质以木、石灰、青砖、青瓦为主。落地窗玻璃的使用改善了室内采光，二层建筑还设置了挑出的阳台，模糊了室内外的边界，提供了更广阔的观赏视角。建筑1和建筑2改造前实景如图4.6-13、图4.6-14所示。建筑1和建筑2改造后效果图如图4.6-15、图4.6-16所示。建筑2改造后立面图如图4.6-17所示。

图 4.6-13 建筑 1 改造前实景 　　　　　　图 4.6-14 建筑 2 改造前实景

图 4.6-15 建筑 1 改造后效果图

图 4.6-16 建筑 2 改造后效果图

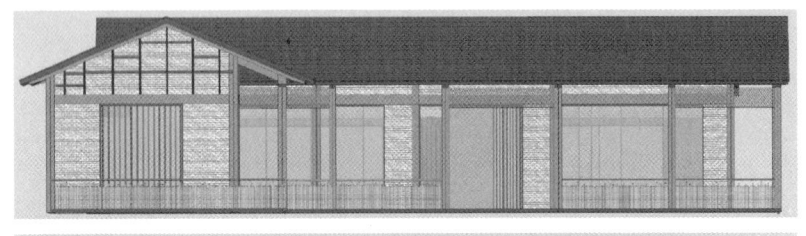

图 4.6-17 建筑 2 改造后立面图

第4章 乡村生活空间的健康化营造

项目为典型的川西民居建筑风格,外廊的运用使建筑空间看起来更宽敞。外廊改造前实景及改造后立面图如图 4.6-18、图 4.6-19 所示。

图 4.6-18 外廊改造前实景

图 4.6-19 外廊改造后立面图

2. 植物专项营造

对项目场地中不同区域的植物,应依托于区域的功能和自然条件进行合理的搭配,营造适合的植物景观。植物的配置应根据不同分区的功能和需求进行选择,再结合植物本身的色彩、株高、冠幅等特征进行设计。项目在设计上应尽量选用当地乡土植物,并应保留当地大面积生长的竹林。

水渠为项目提供了良好的亲水空间。在植物的选择上，选取了较为亲水的植物（如旱伞草、杨柳等），打造舒适自然的滨水空间。

植物搭配设计1如图4.6-20所示。

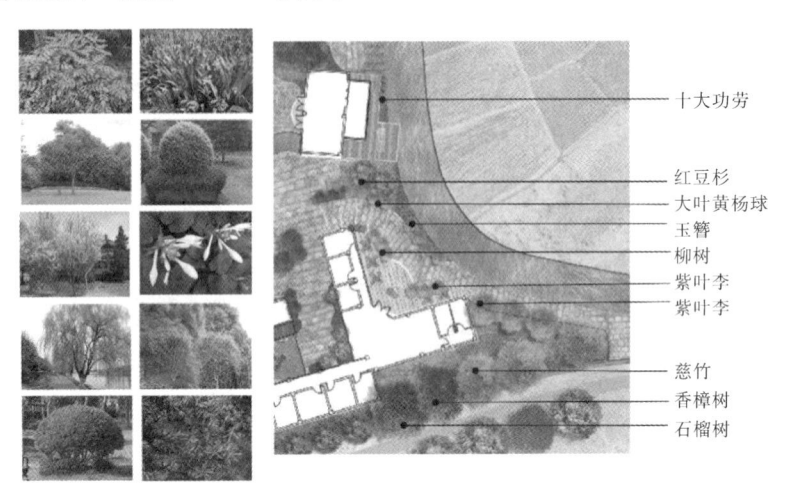

**图4.6-20 植物搭配设计1**

在设计上，利用植物进行围合，形成较为私密的空间，同时采用了大量的芳香植物，起到安养心神的效果。将开花植物和彩叶植物合理搭配，营造出更佳的观赏效果。

植物搭配设计2如图4.6-21所示。

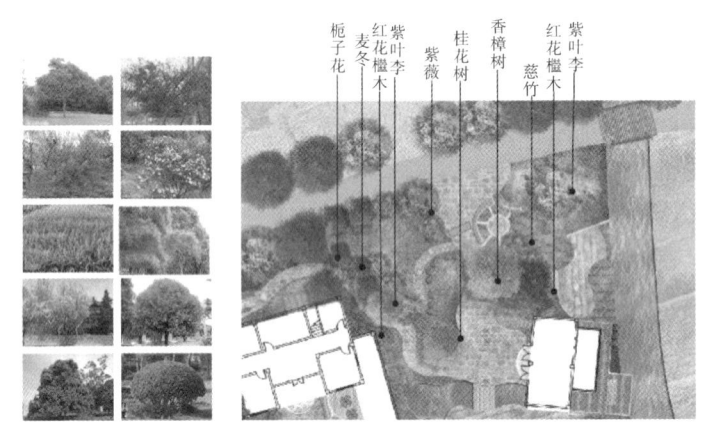

**图4.6-21 植物搭配设计2**

如图4.6-22所示，该区域的植物搭配一方面需要考虑如何与景墙和凉亭结合，形成完美的互衬效果；另一方面需要控制植物的高度，以保证室内的良好采光。

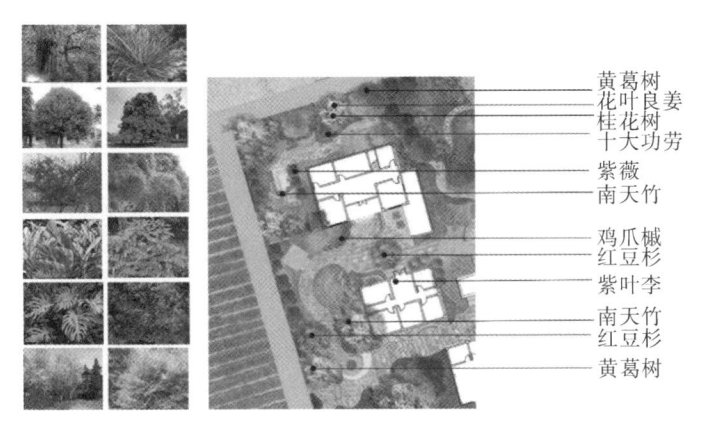

图 4.6-22　植物搭配设计 3

如图 4.6-23 所示，该区域的空间较为狭窄，不适合种植过多植物。在设计时，考虑到此处会聚集较多人群且靠近水边，故种植了一些可以驱赶蚊虫的树种。

图 4.6-23　植物搭配设计 4

3. 标识系统

(1) 项目 LOGO 设计如图 4.6-24 所示。

图 4.6-24　项目 LOGO 设计

147

（2）项目标识的配色以竹黄色、浅灰色和深灰色为主，选用天然的材质制作，如图 4.6－25 所示。

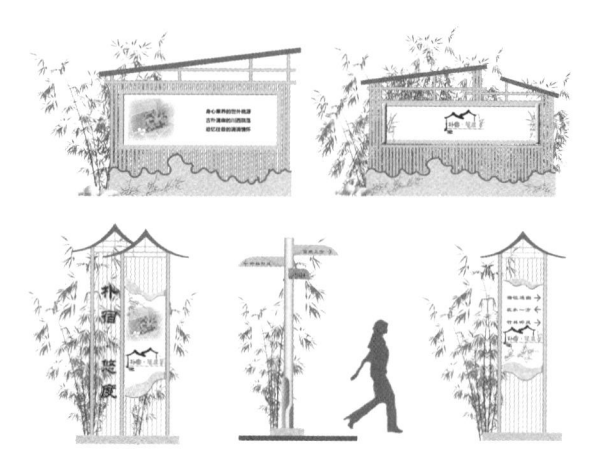

图 4.6－25　标识设计

4. 分区空间营造

该项目在满足整体风格和空间流线的情况下，针对不同的功能需求进行空间营造。应先进行分区设计，再选择合适的生活空间营造策略。首先，针对项目中各区域的主要生活功能进行空间营造；其次，强调对各个空间中的特色节点进行设计，运用不同的乡土材料、乡土植物等营造各区域的空间，打造一体化的院落空间。

（1）林家口。

林家口在入口区域，该区域空间较为开敞，集休闲、娱乐、集散、停驻、亲水等功能为一体，可容纳多人进行活动。林家口作为展示场地特色风貌的名片，除满足集散、停驻等基本功能外，还设计了具有乡村特色的展示牌、标识系统。同时，通过植物花镜颜色、株高等的变化，吸引来往的人群驻足观赏。入口区人流量大，因此入口区的道路设计应动线明确、指引清晰，以方便游客游赏。林家口平面图及效果图如图 4.6－26、图 4.6－27 所示。

① 竹溪板桥　② 疑无路墙　③ 竹篱门扉
④ 坐石临流　⑤ 清泉石上

图 4.6－26　林家口平面图 　　　　图 4.6－27　林家口效果图

第 4 章　乡村生活空间的健康化营造

(2) 悠院里。

悠院里在中心区域，且有较大面积的水域，这让空间的组合形式更为丰富。悠院里作为场地中水域面积最大的功能区，最大限度地利用水域营造水景。悠院里以静水为主要水景，营造安静祥和的氛围，再结合少数流水小品打造声景观，在宁静的气息中增加些许活力。同时，在水域中种植水生植物、在水中架桥及在水上筑造观水小筑等，营造"小桥流水人家"的画面感。悠院里平面图及效果图如图 4.6－28、图 4.6－29 所示。

图 4.6－28　悠院里平面图

图 4.6－29　悠院里效果图

(3) 曲水边。

曲水边在临水区域，建筑亦临水而建。建筑通过外廊与室外空间连通，是一个集亲水体验、餐饮娱乐、观景等功能为一体的区域。利用临水的条件，设计建造水中小品以及观赏水景的临水构筑物。水与植物等景观要素相互结合，营造出"山水人家"的自然风貌，拉近了人与自然的距离。曲水边平面图及效果图如图 4.6－30、图 4.6－31 所示。

图 4.6－30　曲水边平面图

图 4.6－31　曲水边效果图

(4) 朴素居。

朴素居在住宿区，该区域由开敞空间、半私密空间和私密空间共同围合而成，人们可以在这里晨练、交谈、休憩、娱乐。结合广场、中心院落等室外活动空间和植物景观，为客人提供优良的住宿条件和生活环境。不同于其他公共性较强的空间，朴素居出于"精品康养院落"的定位，采用乡土气息强烈的木栅栏对建筑进行围合，

149

其他私密性空间的营造则以植物遮挡围合为主，选用枝繁叶茂的本地树种，在增强私密性的同时还原了在大自然中的生活感受。朴素居平面图及效果图如图 4.6－32、图 4.6－33 所示。

图 4.6－32　朴素居平面图

图 4.6－33　朴素居效果图

（5）静水舍。

静水舍在休闲疗养区，该区域由开敞空间、半私密空间和私密空间共同围合而成，以荷花池作为主要水景，再结合绿地景观营造适宜客人休息疗养的环境。该区域在植物搭配、空间围合度等方面应考虑隔音效果，营造一个能让人彻底放松身心的空间。静水舍平面图及效果图如图 4.6－34、图 4.6－35 所示。

图 4.6－34　静水舍平面图

图 4.6－35　静水舍效果图

## 4.6.2　凉山州甘洛县以达村美丽乡村提升项目

### 4.6.2.1　项目概况

1. 区位概况

以达村位于四川省凉山彝族自治州（以下简称凉山州）甘洛县的西南方，面积约 18.5 平方公里，村中生态保护林地面积较大，周边生态环境较好。村庄地理位置较为偏远、产业较为单一，导致村民人均收入不高，村中居民生活环境较差，生活空间的氛围感较弱。此次设计主要针对以达村村民居住地及周边环境，总设计面积约 8.4 公顷。

以达村区位如图 4.6-36 所示。

图 4.6-36 以达村区位

2. 背景

当地政府部门以美丽乡村建设为载体，融入生态环保理念，带动产业发展，为美丽乡村注入内涵。在遵循乡村发展规律的基础上，重点加强对传统村落、古树名木等人文景观的保护力度。

3. 以达村现状

以达村地处高寒山区，常年的平均气温较低且阳光照射不够充足等导致该村土地资源较贫瘠，产业效率较低。全村以传统种植业和养殖业为主，未发展其他产业，加上村中居民普遍缺乏农业科技实用技术，只能依靠传统农耕技术种植马铃薯等农作物，导致农作物产量较低，村民的收入普遍不高。村中的基础设施条件较差，健身器材等设备的放置存在较大的安全隐患，村中仅有一条宽3.5米的主干道，主干道旁有一水渠，水质较差。村内植被稀疏、地表裸露，随处可见牲畜粪便，卫生条件较差。以达村现场概况如图 4.6-37 所示。

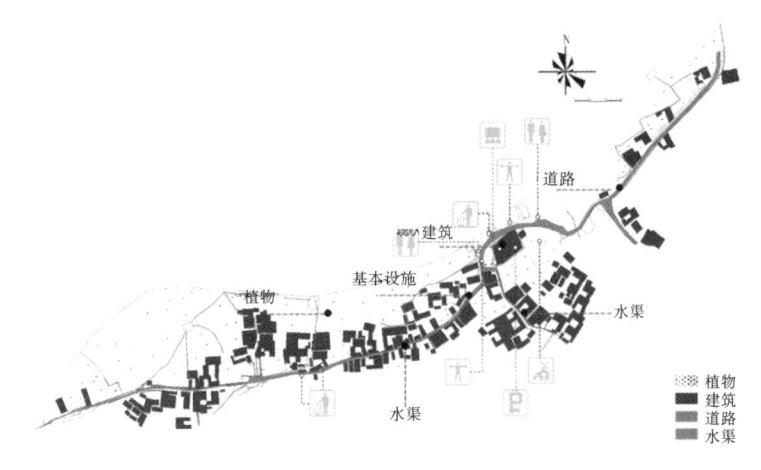

图 4.6-37 以达村现场概况

4. 项目愿景

项目旨在保护当地环境的同时，不断挖掘、开发民族文化资源，打造主题式乡村风貌。通过对以达村现有的生活环境加以改造，营造乡村特色主题景观，提升乡村整体风貌，改善村民的生活环境。

#### 4.6.2.2 总体规划

1. 功能分区

项目设计在充分考虑场地现状和村民生活所需的基础上，将场地划分为入口景观区、核心活动区、乐享居民区、桃林野趣区四个主要功能区块。项目功能分区如图4.6-38所示。

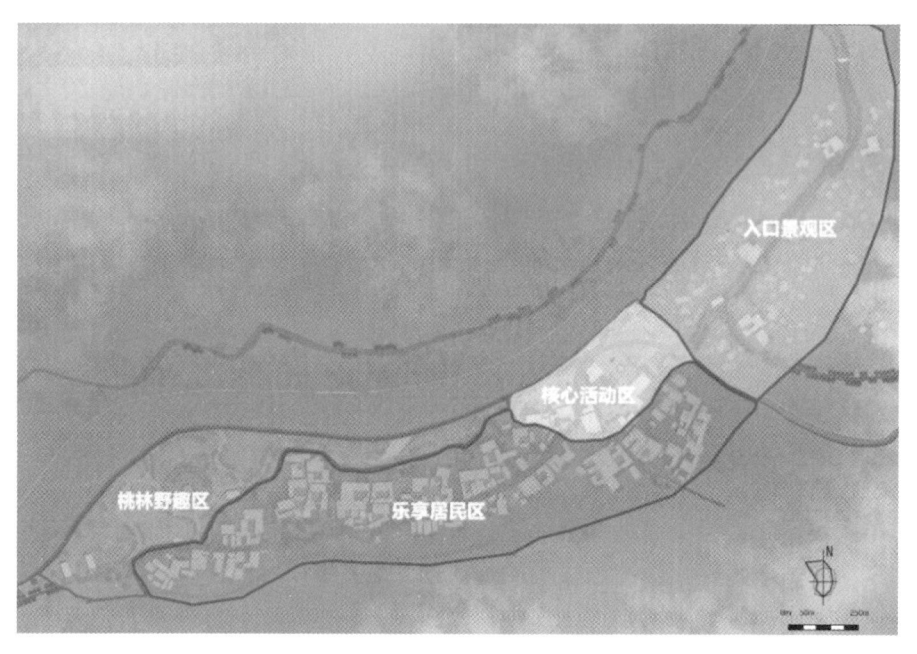

**图 4.6-38 项目功能分区**

入口景观区通过建造文化柱和彩绘景观石来展现多彩的彝族文化，并用一组微缩景观来表现彝族传统建筑构造。入口景观区主要承担了乡村生活空间中文化空间的作用。核心活动区主要是围绕党群服务中心和村庄广场进行景观提升及改造。服务中心广场在开展一些传统庆祝活动的同时，也为村民提供了社交休憩的场所。乐享居民区主要将原有的活动中心改造成为以达乡村学堂，并用彝族元素装饰墙面、窗户，作为村民学习文化知识和生产技术的场所。村落主干道的入口设置了28米的文化长廊，以彝族人民崇拜的神话英雄支格阿鲁的故事为主题，表达了彝族人民英勇正直、扶弱济困、惩邪除恶、积极向上的精神。同时，对乡村居民的生活空间进行装饰改造，并配以乔灌木，打造休闲交往空间。桃林野趣区主要将彝族文化、乡村生活、自然野趣结合起来，打造成为居民游玩、游客体验的空间。以达村总平面图如图4.6-39所示。

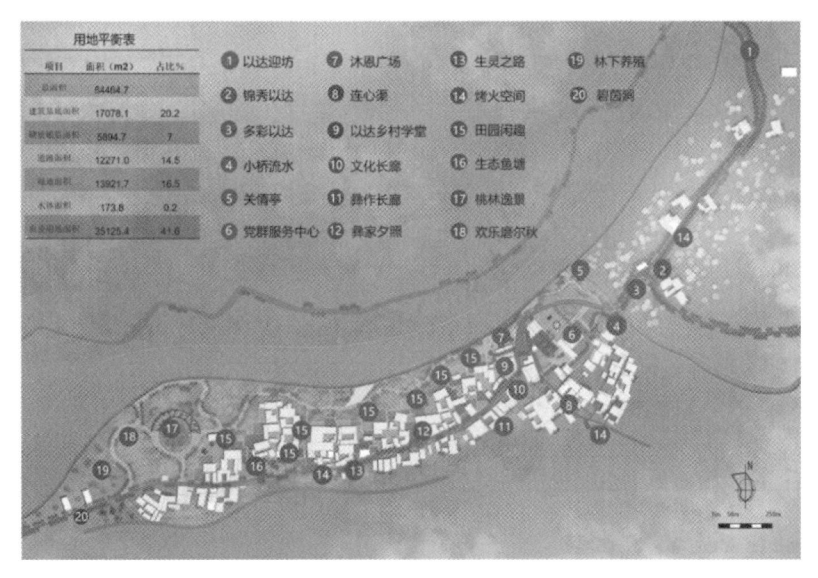

图 4.6-39　以达村总平面图

## 2. 项目目标

(1) 三产一体化。

结合当地特色，以第一产业为核心，开展种养结合新模式；以第二产业为配套，鼓励和引导发展彝族手工刺绣及其他手工艺品；以第三产业为引擎，发展与旅游相关的产业。多项并举带领村民走向致富的道路。项目三产一体化示意图如图 4.6-40 所示。

图 4.6-40　三产一体化示意图

(2) 环境生态化。

①植被恢复。培养优质土壤，为初步的植物栽种打下基础，同时选择生命力顽强、耐修剪的灌木，营造较为密闭的植物空间。充分利用植物根系的分泌物以及枯落物，加快生物循环，积累一定的有机质和养分，提升土壤肥力，从而形成良好的生态循环，以达到植被恢复的目的。

②污水处理。采用明渠加暗渠的形式，改善现有的污水处理方式，在塑造景观的同时减少污水对植被及周边环境的影响。

③环卫设施。为整洁村容村貌，在村中合理设置垃圾箱和公厕，达到美化环境、减少污染的目的。

环境生态化示意图如图4.6-41所示。

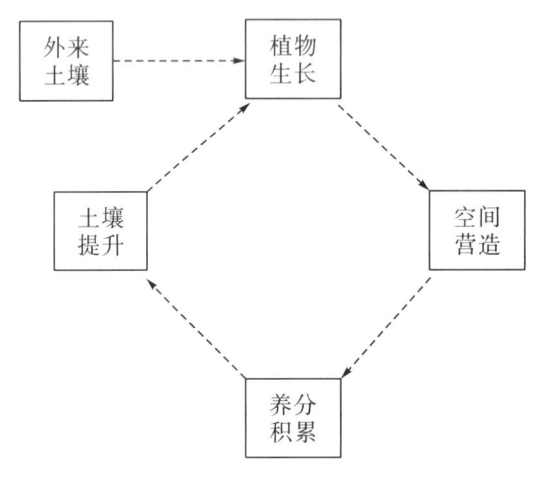

图4.6-41 环境生态化示意图

(3) 风貌特色化。

收集彝族的特色文化，包括图腾、颜色、服饰纹饰等。通过选取多样的纹饰符号并将其分类，提取出特有的民族元素，经再次设计后可用于装饰村落的建筑及亭廊、围墙、道路、景观小品等。

(4) 空间多样化。

由桃林景观、休憩亭、活动中心、法制广场等构成的公共空间，也是村民的交往活动空间；通过地形的起伏围合成为半公共空间（如村民的烤火空间），能遮挡一定的视线，又不失公共空间的功能；半私密空间为村民住宅的庭院空间，此类空间往往用于较为私密的交流；乡村居民的居住空间往往具有较强的私密性，是乡村生活空间中的私密空间。通过设置不同的景观节点，打造丰富多样的活动，让村民融入周边环境，加强与场地的互动。空间多样化示意图如图4.6-42所示。

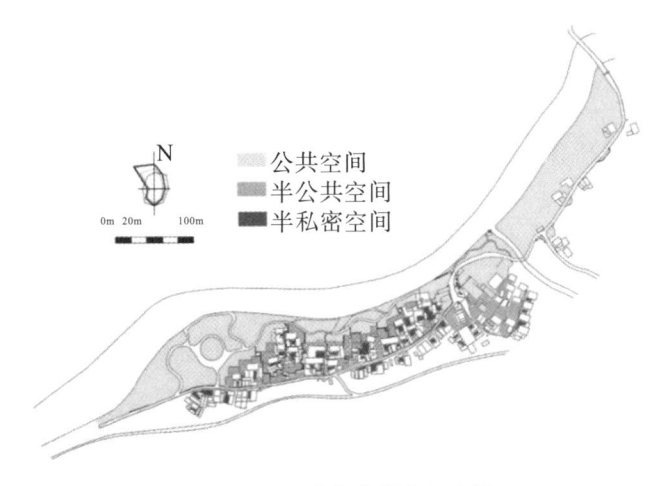

图 4.6－42　空间多样化示意图

(5) 设施功能化。

营造时应就地取材，利用场地石材搭配植物造景，给村民提供短暂停留休憩的空间，实现景观、功能的融合。

#### 4.6.2.3　空间营造

1. 公共服务空间的完善和配套

以达村现有的公共服务空间堆放着较为杂乱的石块，存在较大的安全隐患，基础服务建设较差且缺乏完善的配套公共服务设施。随着美丽乡村的建设，安全保障服务、信息咨询服务、交通便捷服务、便民惠民服务和行政服务需要进行完善和配套，与公共服务空间对应的主要有安全保障、交通便捷、便民惠民服务三个方面。我们将以达村现有的活动中心、党群服务中心加以改造优化，在丰富植物景观的同时保障了场地的安全性。以达村公共服务空间效果图如图 4.6－43 所示。

入口牌坊　　　　关情亭　　　　景观廊架

活动中心　　　　喜事房及公共浴室

图 4.6－43　以达村公共服务空间效果图

## 2. 休闲活动空间多样化

根据村民户外休闲活动的需要,将固有或者曾经承载着休闲交往功能的空间进行修缮改造,对于有可能再次成为社会活动发生场所的空间进行专项修复设计。与此同时,新建一些公共空间用来补充原有的休闲活动场所,并考虑不同年龄段对户外活动的不同需求,将沐恩广场建设成为适合老年人、青少年、儿童聚集或游戏的场所,增加村民之间的交流互动。不论是在原有空间的基础上进行复建,还是在其他地方进行新建,交往与休闲空间多功能复合属性应当贯穿在设计中。沐恩广场效果图如图4.6-44所示。

图4.6-44 沐恩广场效果图

## 3. 居住空间的文化景观营造

将村民的居住空间进行景观化营造。建筑立面的营造以墙绘为主,在主要墙面加入彝族特色壁画彩绘以及纹样,以展现以达村村民的日常生活为主。墙绘的主题分为竞技类、生产类和节庆类。竞技类墙绘主要体现村民体育活动类型,生产类墙绘主要体现村民日常生活,节庆类墙绘体现村民节日欢庆的场面。还可对庭院墙进行营造,在墙面及窗户周围添加彩绘纹样。墙绘主题分布及各式纹样如图4.6-45、图4.6-46、图4.6-47、图4.6-48所示。

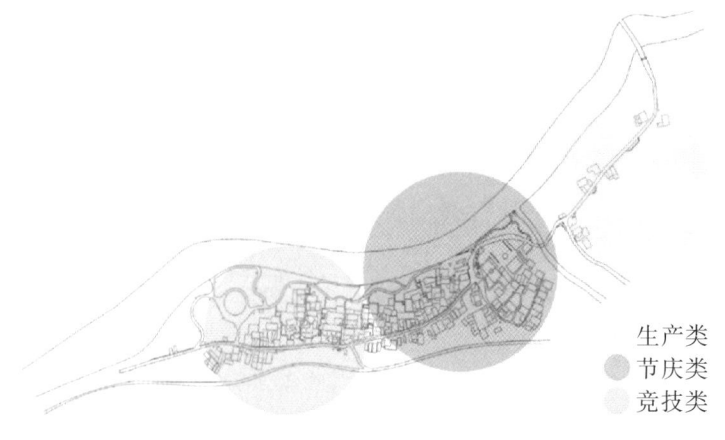

图4.6-45 墙绘主题分布

图 4.6-46　竞技类纹样

图 4.6-47　节庆类纹样

图 4.6-48　生产类纹样

### 4. 文化空间地域特色化

将场地内的围墙分成三段打造，通过镶嵌实物的方式来展示彝族的灿烂文化，如图 4.6-49 所示。彝品长廊采用彝族人民常用的餐具进行镶嵌，如鹰爪杯、酒罐、鸽形酒壶等；彝作长廊采用彝族人民常用的农具进行镶嵌，如木锹、锄头、簸箕、铁锹、磨盘等；彝戈长廊采用彝族人民以前使用过的兵器进行镶嵌，如牛角号、箭筒、铠甲等。同时，将村庄内部原有的文化长廊进行改造，通过彩绘画卷的表现形式讲述支格阿鲁的神话故事，使整个文化长廊与居民建筑风格相互呼应。彝品长廊、彝作长廊及彝戈长廊可使用的纹样如图 4.6-50、图 4.6-51、图 4.6-52 所示。

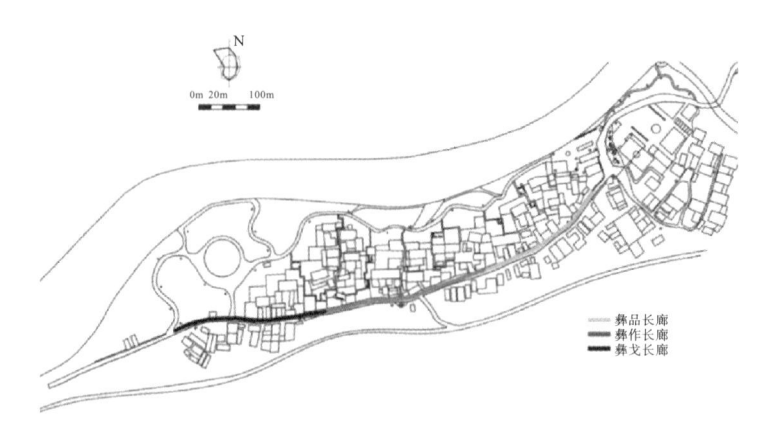

图 4.6-49 围墙划分

图 4.6-50 彝品长廊可使用纹样

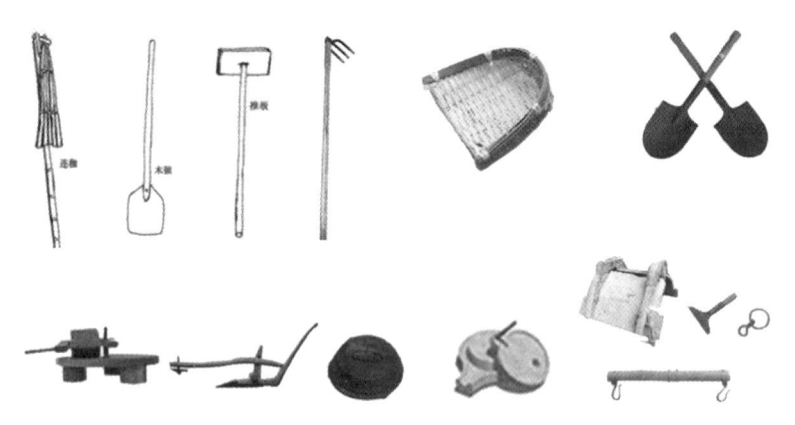

图 4.6-51 彝作长廊可使用纹样

图 4.6-52 彝戈长廊可使用纹样

## 4.6.3 宣汉县胡家镇产村融合示范园项目

### 4.6.3.1 项目概况

#### 1. 区位概况

项目位于四川省达州市宣汉县胡家镇。四川省达州市受成渝城市群的辐射，是全国重要的城镇化区域，具有承东启西、连接南北的区位优势。宣汉县位于四川盆地东北大巴山南麓，是成渝经济区渝广达发展带的北部支点。胡家镇是宣汉县后河流域的重点镇和中心镇，是连接宣汉、万源、达州城区的物资集散地，享有"川东重镇·巴山明珠"的美誉。项目区位如图4.6-53所示。

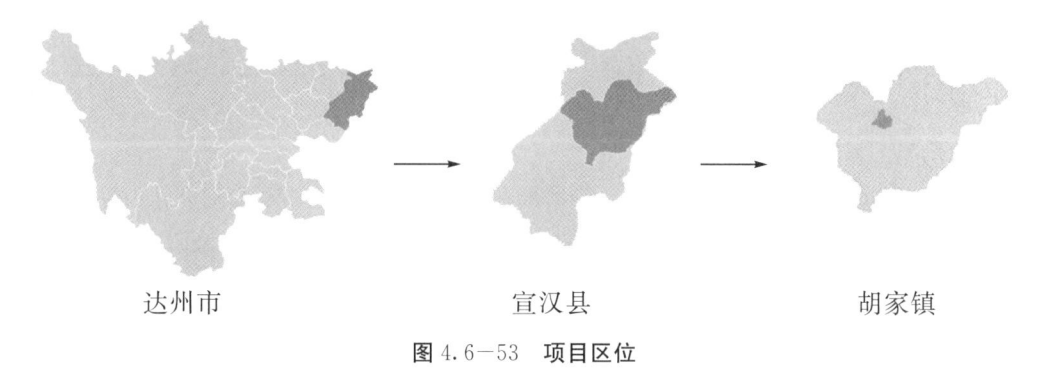

达州市　　　　　　宣汉县　　　　　　胡家镇

**图** 4.6-53　**项目区位**

胡家镇的旅游资源得天独厚，作为全县西部乡村旅游发展新环线的重要节点，可将本镇黄垭村与毛坝镇弹子村结合打造，形成观光农业旅游线路，以210国道、达陕高速为支撑，洋烈水乡景区、庙安农业产业园等景区作为旅游节点，把胡家镇与周边乡镇串联形成北部乡村旅游新环线。通过打造旅游环线，给胡家镇带来新的活力，提高胡家镇居民的生活水平。

#### 2. 场地现状

场地现有的路网结构较为完善，但部分道路较为狭窄，不利于车辆通行，道路两旁缺乏防护设施，存在安全隐患。场地中水系条件较弱，用于农业种植灌溉和养殖的水源不足，且部分池塘并未进行必要的驳岸建设，导致安全性较差。土地类型分布散乱，用于种植的农田分布较为零散，田间中种植的农作物种类较为单一，并未考虑作物之间的相互影响，导致整体种植效率低下，影响农业收入及景观效果。区域内的居住空间风格不统一，建筑风格杂乱，庭院环境较差。作为休闲娱乐空间使用的广场缺少基础的游憩功能，场所使用率较低。公共服务空间缺少环卫设施和基本的标识标牌等，导致流线导向功能不清晰。胡家镇现状如图4.6-54所示。

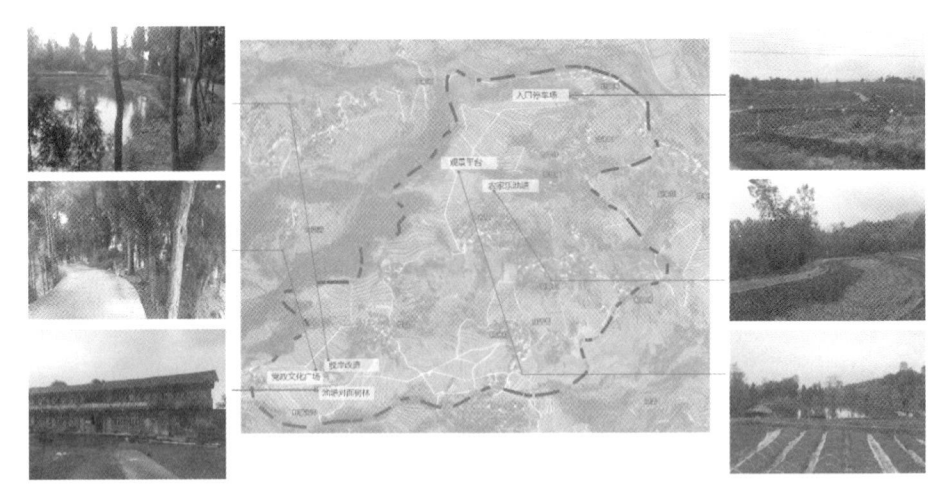

图 4.6-54　胡家镇现状

### 4.6.3.2　总体规划

项目准备在胡家镇现有的自然生态景观的基础上，打造具备休闲度假、观光游玩、健身漫步等功能的生态林地，营造健康的养生空间。在发展农业观光旅游的同时融合原始农耕文化，打造新型产村融合农业产业园。创新农业发展模式，提供更多的就业岗位，提升乡村居民的生活水平，并将农业景观和乡村文化风貌融合起来，打造美丽幸福新农村。胡家镇总平面图及节点分布图如图 4.6-55、图 4.6-56 所示。

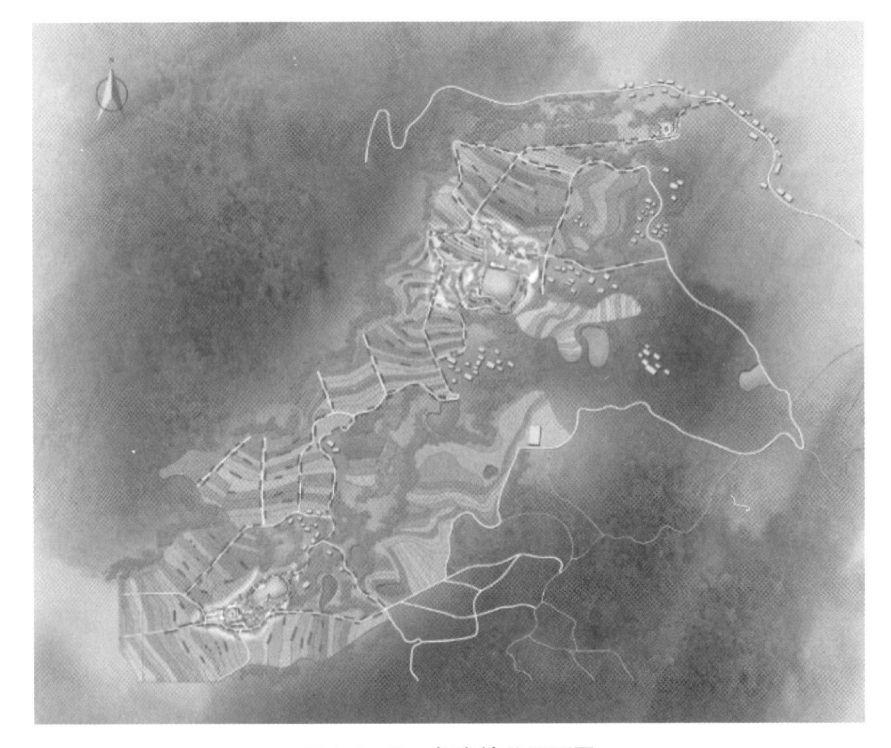

图 4.6-55　胡家镇总平面图

第4章 乡村生活空间的健康化营造

图 4.6-56 胡家镇节点分布图

### 4.6.3.3 空间营造

**1. 乡村生活空间的多元融合**

胡家镇现有的乡村生活空间类型多样,但存在分布较为散乱的问题。项目拟将多种乡村空间进行有机融合,打造多元化乡村生活空间。从场地中现有民居的外观上观察,建筑风格各不相同且周边环境杂乱,导致视觉体验不佳。项目对现有民居建筑进行改造,对建筑周边环境进行整治,同时在建筑外立面加入传统民俗装饰元素,使农家院落更具民俗风情。在院落旁边布置小块农田,将劳作空间与居住空间相结合,以满足村民日常生活所需。居住空间效果图如图 4.6-57 所示。

图 4.6-57 居住空间效果图

项目对居住空间周边的道路进行改造，从视觉上丰富景观效果，在功能上赋予更多的休闲娱乐功能。利用路口现有的空地设置休息区、廊架，让游客感受当地农耕文化带来的乐趣，同时也为乡村本土居民提供休闲与交往空间。路口休闲与交往空间效果图如图4.6-58所示。

图4.6-58　路口休闲与交往空间效果图

2. 乡村文化空间的升级

在原有寺庙的基础上进行设计，实现景观与文化特色的双提升。此区域景观设计以农耕文化为主、禅文化为辅，营造具有禅意的庭院。项目在正对寺庙处设计了祥云大道，道路需搭配草花并设置景观小品；外围从南侧水井到寺庙，沿线设计有放生池和静思台等景观。

西面设计假山，意味为天地结合、万物皆灵；南面设计有静思台与放生池，既能修身，亦能观景。乡村文化空间总平面图及寺庙区域鸟瞰图如图4.6-59、图4.6-60所示。

① 寺庙
② 香火台
③ 地刻
④ 松树
⑤ 假山
⑥ 草花
⑦ 景观小品
⑧ 卵石铺装
⑨ 石桥
⑩ 木桩汀步
⑪ 汀步
⑫ 石灯笼
⑬ 枯山水
⑭ 静思台
⑮ 放生池
⑯ 石坐凳
⑰ 水井
⑱ 石碑
⑲ 假山

图4.6-59　乡村文化空间总平面图

第4章 乡村生活空间的健康化营造

图 4.6-60 寺庙区域鸟瞰图

3. 乡村公共服务空间的重铸

乡村公共服务空间主要为党政文化广场和水上活动区。党政文化广场设计有百姓大舞台,旨在丰富乡村居民的文化生活;设计有乡村文化室,以满足居民阅读等需求。水上活动区则设计有茅草棚、水车、亲水栈道等,为游客提供休闲活动空间。乡村公共服务空间总平面图及鸟瞰图如图 4.6-61、图 4.6-62 所示。

① 党政文化广场
② 乡村文化室
③ 休闲廊架
④ 百姓大舞台
⑤ 入口景观石
⑥ 生态停车场
⑦ 农业体验园
⑧ 休闲小广场
⑨ 水车
⑩ 亲水栈道
⑪ 亲水廊架
⑫ 休憩茶园
⑬ 休闲湖
⑭ 观光车临时停车位

图 4.6-61 乡村公共服务空间总平面图

图 4.6-62　乡村公共服务空间鸟瞰图

4. 乡村休闲与交往空间和消费空间的景观提升

此区域主要设计了一处观景平台，并且对现有的农家乐进行了改造和提升。在营造乡村休闲与交往空间时，项目利用现有梯田地形，设计层叠的花海景观及休憩平台；同时，围绕着水域边缘修建游步道，布置垂钓廊架以及休闲木屋等，提升空间的景观。观景平台及农家乐总平面图及鸟瞰图如图 4.6-63、图 4.6-64 所示。

- 垂钓池塘
- 生态廊架
- 农家乐建筑
- 亲水木屋
- 现状梯田
- 观景平台
- 茅草廊架
- 梯田花海
- 停车场
- 厕所

图 4.6-63　观景平台及农家乐总平面图

第4章 乡村生活空间的健康化营造

图 4.6-64 观景平台及农家乐鸟瞰图

5. 乡村入口空间的改造

入口标识的整体设计应结合产村融合的理念，左侧山墙代表美丽新村，右侧镂空造型代表特色农业，基座代表"山水育人"理念，使整个标识特征显著并符合项目风貌。入口标识效果图如图 4.6-65 所示。

图 4.6-65 入口标识效果图

从入口进入村庄的区域主要设计有生态停车场和小型休息空间，休息空间的设计是将农耕元素融入节点的表达之中，包括设计景墙、石磨等农耕小品。入口景观效果图如图 4.6-66 所示。

图 4.6-66　入口景观效果图

## 4.6.4　蓬溪县大石镇广安村乡村振兴项目

### 4.6.4.1　项目概况

1. 区位条件

蓬溪县为四川省遂宁市下辖县,地处四川盆地中部偏东,与重庆市、成都市、绵阳市、南充市、广安市等大中城市毗邻。

大石镇位于国道 318 线,达成铁路穿境而过,成南高速公路横贯境内。大石镇交通便利,距蓬溪县城 20 公里,距蓬溪县火车站 6 公里,距遂宁市 23 公里,面积 48.5 平方公里。

广安村位于大石镇西南方向,距大石镇约 2.5 公里,北与吉祥镇接壤,西南邻遂宁市船山区,东连平兴村。项目区位如图 4.6-67 所示。

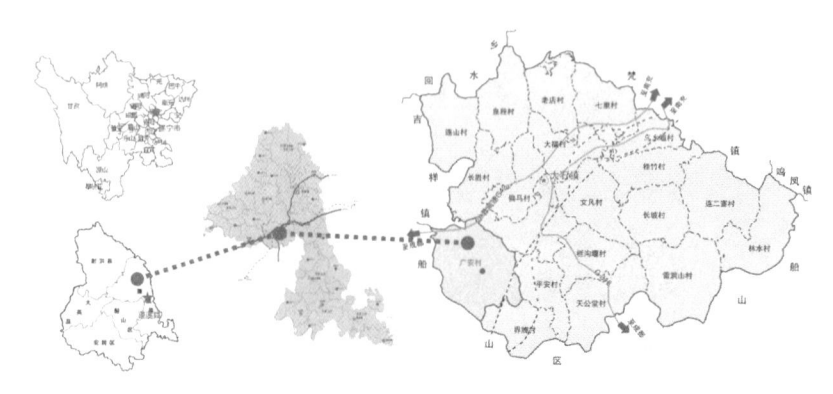

图 4.6-67　项目区位

2. 项目现状

(1) 用地。

规划区总面积约 104 公顷。其中,建设用地面积为 5.52 公顷,约占总面积的

5.3%，包括村民住宅用地、村庄公共服务用地和村庄道路用地。非建设用地面积约98.48公顷，约占总面积的94.7%。项目用地分析如图4.6-68所示。

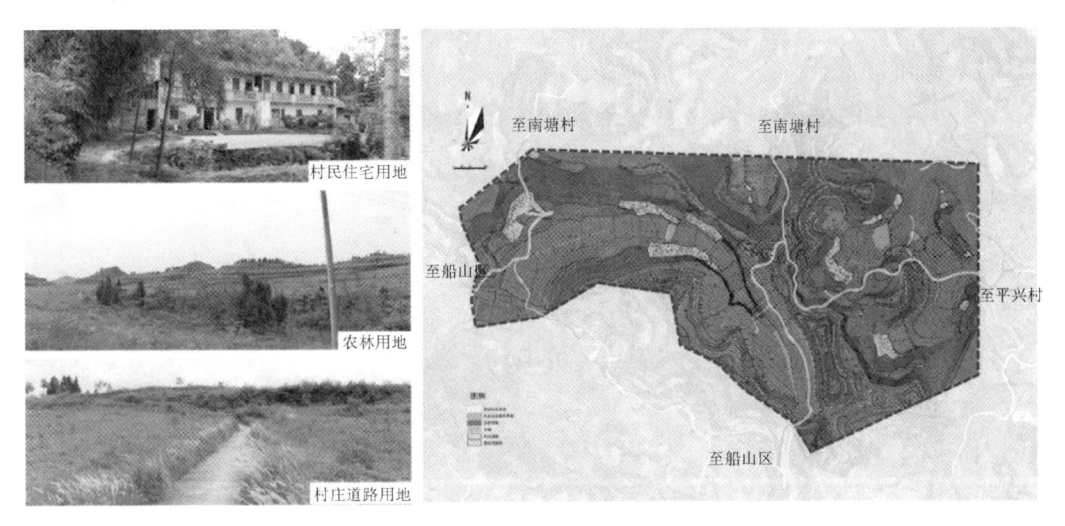

图4.6-68 项目用地分析

（2）道路。

道路主要依地形自由式布置，分为村道、社道和未硬化产业支路。村道道路宽度为4米，社道、产业支路道宽2~3米。项目道路分析如图4.6-69所示。

图4.6-69 项目道路分析

项目存在道路硬化率低、部分居民点道路不通、居民出行不便等问题。此外，道路宽度过窄导致无法会车，无法保障行驶安全。

（3）建筑。

部分建筑以土木结构为主，年代较为久远；新建建筑主要为砖混结构。

从项目场地的建筑分类来看，Ⅰ类建筑是二层砖混结构建筑，质量较好，与周边环境较为协调，但缺乏地方特色，如图4.6-70所示；Ⅱ类建筑是一层质量较好建筑，具有当地特色，但偏房较为破旧，需要拆除偏房并对主体建筑进行改造，如图4.6-71所示；Ⅲ类建筑质量较差，难以进行改造，应予以拆除，如图4.6-72所示。

图4.6-70　Ⅰ类建筑现状

图4.6-71　Ⅱ类建筑现状

图4.6-72　Ⅲ类建筑现状

（4）资源。

广安村由丘陵、浅丘、少量的平坝形成了富有层次感的地貌环境。村内农业基础较好，保留了传统农业耕种模式。场地内建筑以农村集中自建房为主，建筑风格以木石、青瓦、小檐角为主。植物方面，山地乔木、灌木、竹林、苗木、稻田组合度较好。而且村内颇具山崖景观特色，牛角沟区域山崖裸露，多奇石、翠竹，环境静谧。广安村是革命先烈旷继勋起义的地方，承载了浓厚的红色文化。广安村现状如图4.6-73所示。

第 4 章　乡村生活空间的健康化营造

图 4.6－73　广安村现状

### 4.6.4.2　总体规划

#### 1. 设计定位

根据项目现状及文化资源特色，以生态环境为本底，红色文化的传承为核心，带动乡村旅游业的发展。项目总平面图及鸟瞰图如图 4.6－74、图 4.6－75 所示。

图例
1 红星广场
2 红色文化教育接待中心
3 生态停车场
4 儿童拓展区
5 点将台
6 指挥部旧址
7 红军生活情景
8 展览、陈列室
9 红军广场
10 藏兵洞
11 壁山寺
12 培训住宿部
13 战场模拟
14 拓展训练基地
15 复兴广场
16 入口牌坊
17 回车场
18 新建聚居点
19 亲水平台
20 节点广场
21 军营队列-树阵
22 自然水系

图 4.6－74　项目总平面图

169

图 4.6-75　项目鸟瞰图

2. 功能分区

项目整体以"一核引爆、一轴贯穿、两环串联"为布局（"一核"为红色文化旅游吸引核，"一轴"为遂宁现代农业产业园区一体化大环线发展轴，"两环"为重走红军路红色文化旅游体验环线、核桃产业观光乡村休闲旅游环线），进而将项目分为红色文化体验区、核桃产业观光区、渔家晚唱休闲区，如图 4.6-76 所示。

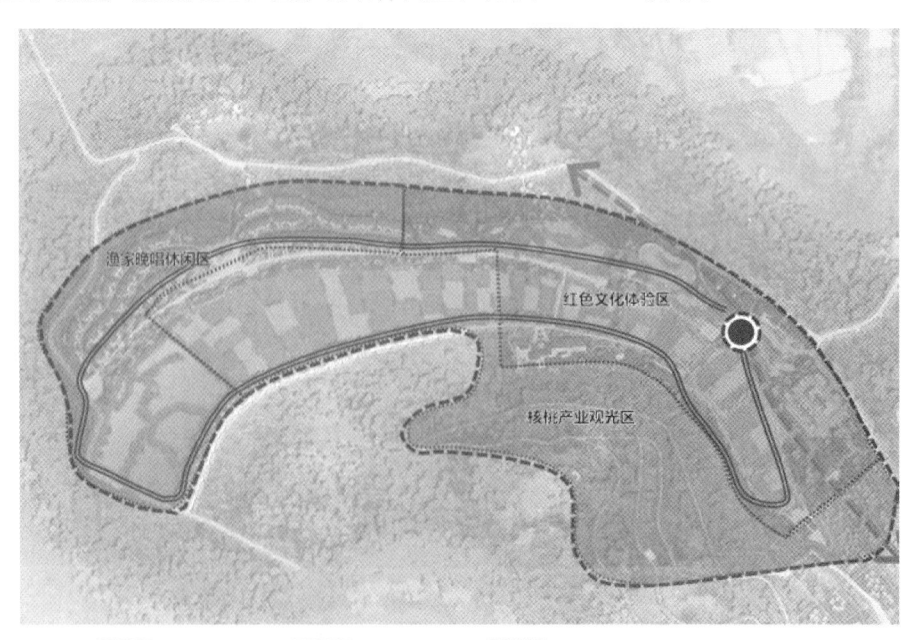

图例：　渔家唱晚休闲区　红色文化体验区　核桃产业观光区

图 4.6-76　项目功能分区

### 4.6.4.3 空间营造

1. 建筑风貌的专项营造

(1) 总体改造策略。

新建建筑布局延续原有村庄林盘肌理，充分利用林盘、水系、山林及农田，形成自然的组团布局形态，采用"小组微生"的簇状建筑布局模式。屋面均采用坡屋顶设计，局部可设计假坡，以丰富天际轮廓线。同时对建筑的色彩进行统一，建筑以青瓦白墙为主，局部以褐色、青灰色为辅。建筑材料以砖混结构为主，木材为辅。外立面采用白色涂料和仿青砖贴面。局部增加褐色装饰线条丰富建筑立面。新建建筑效果图如图4.6-77所示。

**图 4.6-77　新建建筑效果图**

(2) 建筑风貌改造示例。

改造前，院落空间与道路之间关系不清晰，主要道路从庭院之中穿过，道路未经过硬化，庭院为当地石材铺就。植被中杂草丛生，稍显萧瑟。水田未得到充分利用。

项目依据现状加以改造，梳理出"院落—主要道路—游步道"三者之间的关系。庭院仍以当地石材铺就，与主要道路之间设置0.2米高差进行空间分隔；主要道路采用水泥硬化，沿主要道路设置垃圾桶和路灯等设施；利用水田打造荷塘景观，其间设置游步道以供游人玩耍；房前屋后采用微田园形式，种植桃树、梨树等经济果树增加景观层次。改造前后对比图如图4.6-78所示。

图 4.6-78　改造前后对比图

2. 分区进行空间营造

项目主要对起义纪念地、安置聚集点、指挥部旧址三个重要区域进行深化设计。根据场地现状和村民需求，规划出渔家晚唱休闲区、红色文化体验区、红星广场区三个分区，并依据各分区功能及特点进行设计。

在集中安置点处设计复兴广场，寓意为乡村振兴、农村复兴，同时为居民提供活动场所，也是整个牛角沟游览环线的重要节点；在广场中心处设计同心雕塑，红色的飘带结合握手小品，寓意牛角沟军民鱼水情、军民心连心。

在现有农田凹地设计水景，在水池中设置木栈道和休息平台，与周边农田、民居形成一片安逸的田园美景。

该区域为牛角沟红色文化的核心区域，项目以红军指挥部旧址为核心，修复现有建筑，形成院落式布置，重现当年红军生活的场景。

3. 植物专项营造

植物设计上以乡土树种为主，并根据设计规划种植区域。项目将植物种植区分为节点种植区、安置房种植区、水域种植区、核桃种植区、战场遗址种植区及道路种植区，每个区域依照其功能进行植物搭配，每个区域植物各司其能又联系整体。植物种植分区如图 4.6-79 所示。

图 4.6-79　植物种植分区

（1）节点种植区。

节点种植区以规则种植法为主，一般采取中轴对称式、行列等距种植，主要运用于人行道绿化及公园轴线绿化等。还可以在重要的入口及节点景观处采用大片的种植观赏植物，形成规模化的色带及区域。节点种植区植物搭配如图 4.6-80 所示。

（2）水域种植区。

水域种植区一般以耐湿植物进行不规则种植，采用沉水植物和浮水植物，起到净化水质、营造景观的效果。水域种植区植物搭配如图 4.6-81 所示。

图 4.6-80　节点种植区植物搭配

图 4.6-81　水域种植区植物搭配

(3) 安置房种植区。

安置房种植区以常绿植物加果树为主,如图4.6-82所示。

(4) 道路种植区。

道路种植区主要采用规整型与流线型相结合的种植方式,形成既有序列感又有变化的景观视觉空间,如图4.6-83所示。

图4.6-82 安置房种植区植物搭配　　　　图4.6-83 道路种植区植物搭配